# 선택된 소수자

뉴 스페셜리스트 5계명

지은이 **다케다 요시노리**武田齊紀

커뮤니케이션 플래너.
1962년 출생. 도쿄대 졸업, 1986년 (주)리크루트 입사. 인사부에서 채용 전반(신규, 경력자, 유학생, 외국인, 아르바이트 등)의 업무 담당. 그 뒤 HR 사업부문에서 수백 곳의 대기업·중소기업의 채용, 인사조직, 이념침투 컨설팅을 실시. 채용광고 및 커뮤니케이션 툴 플래너로서 연속 MVP와 수상 경력 다수. 또한 마케팅 사업부문에서 신규사업 수립에 종사.
2002년 리크루트 퇴사 후 스페셜리스트 전문 인재비즈니스 벤처 설립에 참가, 많은 인재들의 커리어 컨설팅을 직접 담당.
2003년 9월에 브라이트사이드 코퍼레이션을 설립하고 대표이사로 취임. 기업이념과 '~스러움'에 대한 인식을 사내·사외에 널리 침투시킨 커뮤니케이션 실현. 인재채용, 마케팅 컨설팅을 담당하는 뉴 스페셜리스트. 도쿄 카피라이터즈 클럽(TCC) 회원.

옮긴이 **최금**
한국외국어대학교를 졸업하고 여러 외국어에 능통하여 현재는 전문번역가로 활동 중이다.
변역서로는 『돼지 회사짱 되는 영어회화』가 있다.

다케다 요시노리武田齊紀 지음 · 최금 옮김

들녘

**선택된 소수자 뉴 스페셜리스트 5계명**

ⓒ 들녘, 2005

초판 1쇄 발행 · 2005년 11월 1일

지은이 · 다케다 요시노리
옮긴이 · 최금
펴낸이 · 이정원

펴낸곳 · 도서출판 들녘
등록일자 · 1987년 12월 12일
등록번호 · 10-156
주소 · 서울시 마포구 서교동 394-14 명성빌딩 2층
전화 · 마케팅 02-323-7849 | 편집 02-323-7366
팩시밀리 · 02-338-9640
홈페이지 · www.ddd21.co.kr

값은 뒤표지에 있습니다. 잘못된 책은 구입하신 곳에서 바꿔드립니다.
ISBN 89-7527-505-1 (03320)

'당신도 뉴 스페셜리스트가 되어 더 행복한 미래를 펼쳐나 가라'는 것이 이 책의 주제다.

뉴 스페셜리스트라는 단어가 아직은 낯설게 느껴질지도 모른다. 스페셜리스트와 비교하여 나름대로 다음과 같이 정의해 보았다.

스페셜리스트(specialist)

남에게 뒤지지 않는다고 믿는 하나의 전문분야를 갖고 있거나, 또는 조합된 전문성을 갖추고 있는 사람('특정 전문분야에 정통한 사람'이라는 좁은 의미의 스페셜리스트는 아니다).

뉴 스페셜리스트(new specialist)

스페셜리스트일 뿐만 아니라 클라이언트(client)의 과제해결을 담당하는 비즈니스 프로페셔널(business professional).

즉, 뉴 스페셜리스트란 스페셜리스트의 진화된 형태인 '프로 스페셜리스트'를 말한다.

전문분야가 있거나 프로 스페셜리스트라고 하면 혼자서 창업이나 독립을 했다는 이미지가 강하지만, 나는 어떤 조직에 소속되어 있는지, 아닌지의 여부와는 상관없다고 생각한다.

이제는 회사원 이외에도 독립한 개인이나 경영자 등과 같이 개인의 근무형태가 아주 다양해졌기 때문에, 자신의 적성에 가장 잘 맞는 근무형태를 선택하면 된다. 따라서 조직의 소속 여부는 업무에서의 능력과 자세로서의 스페셜리스트나 뉴 스페셜리스트와는 직접적인 관계가 없다.

예전에는 매일매일 성실하게 회사에 출근해서 회사의 방침에 따르고, 인생의 선배이기도 한 상사의 뒤를 좇으면 급여를 받을 수 있었다.

하지만 시대가 변하여 고객에게 다른 사람이 제공하지 못하는 새로운 가치를 제공했는지, 또는 고객의 과제를 찾아서 해결하고 실적을 남겼는지의 여부가 가치를 결정하는 기준이 되었다.

대체해도 될 만한 가치밖에 제공하지 못하는 사람들은 경기가 좋아져도 항상 임금 인하와 구조조정을 당하는 처지에 놓인다. 임금이 낮아지면 생활을 유지하기 위해 더 많이 일할 수밖에 없기 때문에 시간적인 여유는 점점 더 없어진다.

이에 반해, 자신의 고객*에게 알맞은 새로운 가치나 다른 사람으로 대체할 수 없는 가치를 계속해서 제공해나가는 것, 이것이 바로 스페셜리스트의 관점이다.

나아가 고객의 과제를 발견하여 정리하고, 경영 과제로 파악해서 해결해나간다. 또는 최종적인 성과로 연결시켜나간다. 이것이 뉴 스페셜리스트의 관점이다.

경영면에서 보면 어떨까? 기업이 최대의 가치를 올리기 위해서는 대체 가능한 인력들은 글로벌한 관점에서 더 싼값의 인력으로 대체하는 한편, 사내와 사외를 불문하고 스페셜리스트와 뉴 스페셜리스트를 잘 활용해나가는 쪽이 직접적인 가치창출로 이어지게 된다. 특히 뉴 스페셜리스트는 전문인재로서 실적과 성과에 몰두한다. 그리고 그 성과 범위 안에서 알맞은 대우를 요구하며, 성과가 따르지 않은 대우는 좋아하지 않는다. 다시 말해 고객과 기업의 가치창출에 따르지 않고 매일매일 주어진 일을 하고 있다는 이유로, 계속해서 일정한 급여를 요구하는 사원을 떠 안는 것보다 훨씬 더 위험(risk)이 적은 것이다.

현재 업무 환경은 양극화가 진행중에 있다. 대체 가능한 존재로서 글로벌 가격경쟁에 놓여질 것인가, 아니면 당신 이외에는 아무도 해낼 수 없는 분야에서 '역시 대단하다'는 칭찬을 들으며 그에 알맞은 처우를 받을 것인가?

뉴 스페셜리스트가 되기 위한 첫 걸음은 먼저 스페셜리스트

* 직원일 경우에는 고객과 자신이 소속된 회사, 개인사업주일 경우에는 클라이언트, 경영자일 경우에는 클라이언트, 주주, 직원, 사회 등.

가 되는 것이다.

먼저 '남에게 뒤지지 않는다고 믿는 전문분야'를 찾을 필요가 있다. "나에게는 그런 전문성이 하나도 없다"고 말하는 사람들이 많을지도 모른다.

그러나 앞에서도 말했다시피, 전문분야란 어느 협소한 특정 전문분야를 가리키는 것이 아니다. 지금까지 당신이 해온 일과 그 일 이외의 경험들을 몇 가지 조합하여, 그것들을 재고만 해봐도 발견할 수 있는 것이다.

이 책의 제2장에는 내가 만난 14명의 사례들을 7가지 유형으로 분류하여, 전문분야를 정하는 방법에 대해 소개하고 있다. 전문분야를 정하는 데 참고가 되리라 여겨진다.

아울러 스페셜리스트에서 더욱 발전하여, 뉴 스페셜리스트가 되고자 하는 분들에게는 제4장에 소개된 4명의 (주)리크루트 출신 뉴 스페셜리스트 OB(Old Boy)들에 관한 사례가 도움이 될 것이다.

제3장에서는 OB들로부터 추출한 다섯 가지 기술, 제5장에서는 그 다섯 가지 기술들을 몸에 익힐 수 있는 방법, 그리고 습관과 발상법에 대해 소개했다.

마지막 제6장에서는 스페셜리스트나 뉴 스페셜리스트로 살아가는 분들을 지지하는 응원단들로부터의 메시지가 담겨 있다.

나는 2년 전에 16년 동안 근무했던 리크루트를 떠나 독자적인 방법으로 경영 컨설팅, 인사채용, 마케팅을 담당하는 회사를 설립하여 독립했다. 바쁘게 일하고 있지만 그렇다고 일 중독자는 아니다. 아내와 두 딸이 있는데, 특히 '지금밖에 놀아주지 못할지도 모른다' 는 초조함도 있기 때문에, 아이들과 함께 보내는 시간이 나에게는 가장 소중하다. 하루하루가 무척 충만하고 즐겁다. 그리고 나의 '일' 과 '일 이외의 것' 들이 순조롭게 돌아가는 이유가 바로 '뉴 스페셜리스트' 가 될 수 있었기 때문이라고 생각하고 있다.

나는 이 책을 '행복하게 살기 위한 책' 이라고 믿으며, 뉴 스페셜리스트의 삶을 향해 새롭게 출발하는 당신에게 많은 도움이 되기를 간절히 바란다.

이번 집필을 위해 매우 많은 분들이 도와주고 격려해주었다. (주)리크루트 워크스 연구소의 도요다 요시히로豊田義博 씨, 이 책에 나오거나 뒤에서 지지해준 리크루트 OB 여러분들, 출판의 기회와 책의 구성을 담당하고 명확한 조언을 해준 PHP연구소의 시라이시 야스토시白石泰稔 씨, 이 모든 분들에게 지면을 빌려 감사하다는 말씀을 전하고 싶다.

그리고 마감이 임박해지면서 며칠 밤을 회사에서 지새우느라 함께 보낼 시간도 적었는데, 그래도 끝까지 응원해준 가족들에게도 고마움을 표한다.


다케다 요시노리

# | 차례 |

## 제1장

# 지금은 뉴 스페셜리스트를 요구한다

*Become a New Type of Specialist!*

# 1
## 고용의 무국경화가 불러오는 양극화 현상

**미국의 경기회복은 '잡리스 리커버리'**

경기회복에 박차가 가해졌다. 하지만 고용환경이 큰 폭으로 호전되었다고 실감하는 사람들이 어느 정도나 있을까?

일본보다 먼저 경기가 되살아났다고 하는 미국의 경우는 '잡리스 리커버리(jobless recovery, 무고용 경기회복)' 라고 일컬어지고 있다. 즉, 경기가 회복되어도 고용은 늘지 않고 있는 것이다.

이런 현상은 특히 IT업계에서 심각하게 나타나고 있으며, 공장뿐만 아니라 오프쇼링(offshoring)이라 불리는 '소프트 개발과 반도체 설계부문에서 코어(core, 중핵) 기술이 해외로 유출되는 것' 까지도 문제가 되고 있다.

인도에서는 매년 20만 명이나 되는 대졸 엔지니어들이 시장에 쏟아져나온다. 이것은 인문계와 이공계를 모두 통틀어서 일본의 대학과 대학원을 졸업하는 약 43만 명의 전체 취업 희망자수의 절반 규모다.

그들은 모국어로 영어를 구사하고 높은 기술력을 보유하고 있으면서도, 인건비는 실리콘밸리의 절반 수준이다. 주주로부터 항상 지난해보다 더 높은 실적을 요구받고 있는 미국의 경영자들이 이 둘 가운데 어느 쪽을 채용할지는 너무나 뻔한 일이다.

미국을 중심으로 한 IT의 진화가 근무 환경의 벽을 허물고, 아이러니컬하게도 잡리스 리커버리를 이끌고 있다.

"일시적으로는 고용이 늘지 않겠지만, 미국기업의 실적이 대폭 회복됨으로써 또 다시 고용이 증가할 것이다. 긴 안목으로 보면 오프쇼링은 오히려 고용을 창출한다"고 말하는 사람도 있다. 진실은 과연 어느 쪽일까?

### 일본의 고용은 '매수자시장'

일본에서 문제가 되고 있는 것은 현재 제조업 등의 공장들이 중국 등지로 유출되고 있는 것이다. 제품에 따라서는 회복의 움직임도 보이지만 대세는 막을 수가 없다. 더욱이 미국과 마찬가지로 IT분야에서는 인도 등에 개발을 외주하는 추세도 나타나고 있다.

작년에 유창하게 일본어를 구사하는 인도인 경영자를 만날 기회가 있었다. 수입 잡화상사를 꾸준히 경영해왔는데, 얼마 전부터 소프트웨어 개발에 착수했다고 한다.

개발은 모국에서 진행하고 일본을 경영거점으로 삼았는데, 사무실에는 영어를 구사하는 일본인 몇 명이 일하고 있었다. 일본기업과의 거래량이 상당히 많은 듯했고, 자신감 또한 대단하다는 것을 엿볼 수 있었다.

일본은 언어 문제도 안고 있고 제조업 이외의 오프쇼링에서도 뒤쳐지고 있는데, 이대로 가만히 있다가는 국제시장에서 후퇴할 것임은 물론, 머잖아 신흥국가의 우수한 인재들이 개발과 설계 분야에도 진출해 들어올 것임에 틀림없다. 일본이 원하든 원하지 않든 '전 세계적인 고용의 무국경화 추세'는 앞으로도 계속 진행되어나갈 것이다.

대기업들이 대졸 신규채용을 늘리기 시작했다는 소식이 들려온다. 그런데도 유효구인비율(구인자수를 구직자수로 나눈 값)은 1991년 버블경제기의 2.86(구인자가 286명일 때 구직자가 100명)인데 비해, 2005년에는 1.37에 불과하다. 아직 절반에도 못 미치는 수준에 머물고 있는 것이다〔(주)리크루트 워크스 연구소 조사〕.

현재로서는 일본의 고용이 대폭으로 증가하는 일은 없을 것으로 보인다. 이것은 수많은 구직희망자들 가운데서 기업 측이 원하는 사람만을 골라서 채용하는 '매수자시장'이 앞으로 계속되리라는 뜻이고, 구직자 입장에서 보면 치열한 직업 쟁탈전이 시작되었음을 의미한다.

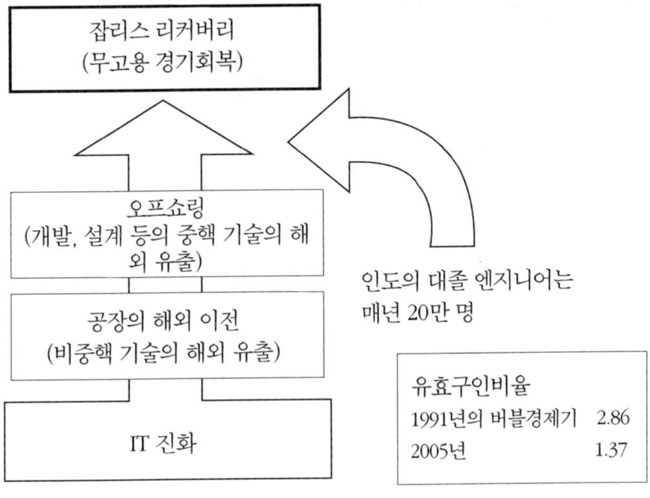



## 이직시장의 주요 대상은 25~35세다

'직업 쟁탈전은 내가 바라던 바다' 라고 아무리 의욕을 불태운다 하더라도, 싸우기도 전에 참전조차 할 수 없는 현실이 존재하고 있다. 말하자면, 이직시장의 대상이 바로 25~35세까지라는 것이다.

일본에서 가장 많은 채용정보가 올라와 있는 이직 정보 웹사이트 '리쿠나비 NEXT(http://rikunabi-next.yahoo.co.jp)' 에서 검색해보길 바란다.

35세를 경계로 정규직 사원 채용이 급감하는 것을 알 수 있을 것이다. 연령 조건이 기재되어 있지 않은 곳도 있지만, 그런 곳들도 실제로는 35세까지가 거의 대부분이다.

이직 연령이 이렇게 고정화된 첫 번째 이유는 같은 회사에서 10년 넘게 근무한 사람은 그 기업 이미지에 너무 물들어버렸기 때문에 회사 측에서 부리기 어렵다는 것이다.

인간은 한 번 몸에 배인 습관을 쉽게 바꿀 수가 없는 법이다. 나는 유연성에서는 나이보다 개인차가 더 크다고 믿는 쪽이지만, 늘 의식하면서 지내지 않으면 유연성이 점차로 떨어지기 때문에 경험에 의한 성공 체험이 때로는 방해가 되기도 한다.

연공서열형의 임금제도가 점점 사라지고 있다고는 해도, 40~50대가 20대와 똑같은 대우를 받을 수는 없는데다가, 그들을 제외시켜버렸을 때의 리스크 또한 만만치 않다. 같은 조건이라고 해도 생각이 유연한 20대를 채용하는 쪽이 리스크가 적고, 또 입사 후에 실적을 올리는 기간을 보더라도 20대가 훨씬 더 길다.

그렇다고 35세 미만인 사람들이 안심하기에는 이르다. 이직 시장에서 높은 임금 조건으로 고용되는 사람들은 늘 한정되어 있기 때문에, 시간이 지나도 직장을 구하지 못하는 사람들은 계속해서 직장을 구하지 못한다. 신규 졸업자들을 엄선하여 채용하는 경향을 보면 금방 알 수 있을 것이다.

'원하는 인재 이외에는 절대 무리해서 채용하지 않는다.'

원하지 않는 졸업 예정자를 채용할 바에야, 채용인원수를 다 채우지 않는 편이 인사부장이 회사로부터 인정받는 길이다. 기업에서 필요한 인재는 서로 데려가기 위해 치열한 채용 경쟁이 벌어지지만, 그 반대의 경우라면 아무리 시간이 지나도 채용되지 않는다.

무경력 신규 졸업자들의 경우도 이와 마찬가지다. 취직할 회사부터 벌써 차이가 생기고, 그 뒤 업무 경험까지 포함해서 판단되는 경력 채용의 경우에는 그 차이가 더욱 벌어진다.

결국 지금의 이직시장은 '25~35세까지가 주요 대상이며, 게다가 선택받을 소수의 한정된 사람들만을 위한 시장'으로 변화하고 있다.


## 40~50대에도 계속해서 스카우트된 남자

앞에서 40~50대의 혹독한 현실을 이야기했지만 내가 아는 사람 중에는 이런 50대도 있다.

그는 일본 IBM사 영업부에서 오랫동안 근무하여 부장급까지 승진한 뒤, 40대에 외국계 IT기업의 일본법인 사장으로 스카우트되었다. 영어에도 뛰어난 그는 순조롭게 일본법인을 설립했다.

그리고 본격적으로 이제부터가 시작이라고 생각한 순간, 본사가 다른 외국 자본에 매수되었고 그는 퇴직금을 충분히 더 얹어 받은 뒤에 회사를 떠났다. 이른바 '골든 패러슈트(golden parachute)’다.

그러자 퇴직했다는 말을 들은 외국계 전문 헤드헌팅 회사로부터 여러 가지 제의가 들어왔으며, 또 다시 외국계 일본법인의 사장이 되었다. 순조롭게 법인을 세워나가던 중에 또 다시 회사가 매수되었고, 그는 또 다른 외국계 일본법인 사장으로 취직되었다.

외국계 기업 일본법인의 사장은 대개 사장이라기보다 일본지사장 쪽에 더 가까운 것이 현 실태다. 본사의 뜻에 거스르지 않고 부하직원에게 철저하게 방침을 지시하여 확실한 성과를 내야만 하는데, 그는 그 일이 적성에 맞았던 것이다.

헤드헌터들 사이에서 ‘외국계 일본법인 실립이라면 그 사람이 적격이다’는 평판을 얻어, 벌써부터 그 다음 제의도 정기적으로 타진하고 있다고 한다.

성과를 내려면 상당한 힘이 필요하지만, 처음부터 연령의 불리한 조건이 있는 것은 아니다. 그는 장기휴가 때, 이즈伊豆에 있는 별장에서 하루 종일 골프를 즐긴다고 한다.


## ‘우승팀’과 ‘패배팀’의 차이

향후 일본의 노동시장을 한마디로 말한다면 ‘양극화’의 진행, 즉 ‘우승팀’과 ‘패배팀’*으로 나뉠 것이라고 할 수 있다.

---

* ‘우승팀’과 ‘패배팀’으로 표현한 것은 이해를 돕기 위함이지, 개인적으로 이 명칭을 좋아하기 때문은 결코 아니다. 오히려 별로 좋아하지 않는 쪽이다. 생

고용의 해외 이전과 해외시장의 유입에 의해, 패배팀은 치열한 고용 쟁탈전과 임금 인하 압박에 시달리게 될 것이다.

현상유지를 위해서는 시간급이 내려간 만큼을 시간 이외의 근무와 부업으로 보충할 수밖에 없다. 생계에 급급한 나머지 시간이 흘러도 계속해서 벗어날 수 없는 상황에 처하고, 게다가 일방적인 개악조건이나 갑작스런 해고통지라도 날아오면 그때는 정말이지 어찌할 방법조차 없어지고 만다.

한편, 우승팀이란 기업과 고객들에게 뽑힌 사람들을 말한다. 그들은 기업 측으로부터 계속해서 일해 줄 것을 요구받기 때문에, 처우나 임금 인하 압력에도 맞서 싸울 수가 있다.

희소가치가 있거나 채용하고자 하는 또 다른 기업들이 나타난다면, 기업 측에서는 그들을 붙들어두기 위해서 조건도 개선해주고, 납득이 가는 범위 안에서 기꺼이 돈을 내준다. 게다가 업무를 맡았기 때문에 시간도 자기 스스로 관리할 수 있게 된다.

'우승팀'과 '패배팀'의 차이는 과연 어디에 있을까? 그 해답을 푸는 키워드가 바로 '뉴 스페셜리스트'라는 것이 나의 결론이다.

---

계에 급급하더라도, 가족끼리 힘을 모아 행복하게 살고 있는 사람들도 아주 많다. 그들은 인생의 패배자가 절대 아니다. 우승팀과 패배팀은 하고 싶은 일과 충분한 처우와 시간을 손에 넣을 수 있는지, 없는지의 관점에서 내린 분류임을 밝힌다.

# 2
## 뉴 스페셜리스트는 이렇게 일한다

**목적 달성을 위한 제안을 할 수 있다**

좁은 의미의 스페셜리스트란 '한정된 특정분야에 대해 잘 알고 있는 사람'이라는 뜻이다. 넓은 의미로 사용되는 경우에는 '당신은 이 분야에서 스페셜리스트입니다'며 남보다 뛰어난 능력을 가진 제1인자라는 칭찬의 말이 된다.

내가 말하는 스페셜리스트는 후자에 해당하는데, '남에게 뒤지지 않는다고 믿는 하나의 전문분야를 갖고 있거나 조합된 전문성을 갖추고 있는 사람으로서, 조직의 소속 여부와는 관계없다'고 정의내릴 수 있다.

전문분야는 한정적이지 않아도 상관없다. '조합된' 것에는 그런 뜻이 담겨 있으며, 조합이 되었든 안 되었든 남들과 다른 가치를 제안할 수 있으면 되는 것이다.

그렇다면 뉴 스페셜리스트란 과연 무엇일까? 뉴 스페셜리스트는 스페셜리스트의 진화된 형태로, 남보다 뛰어난 전문분야를 가진 스페셜리스트일 뿐만 아니라, 고객의 과제해결을 담당하는 비즈니스 프로페셔널을 뜻하는 '프로 스페셜리스트'다.

영업을 예로 스페셜리스트와 뉴 스페셜리스트의 차이를 설명해보겠다. 어느 음식체인점 Y사의 인사담당자가 당신의 광고대리점에 신규채용 광고를 내고 싶다고 문의해왔다고 해보자.

곧바로 영업사원 A씨가 Y사를 방문하여, 예산과 인사담당자가 원하는 광고 이미지에 대해 질문한 다음 원고를 작성할 것이다. 여기까지는 평범한 영업사원들의 업무다. 인사담당자가 원고 작성에 익숙한 사람이라면, "영업사원은 찾아오지 않아도 됩니다. 인터넷으로 신청할 테니까 원고를 작성해서 메일로 보내주세요. 그대신 그만큼 더 싸게 해주시구요"라고 말할 것이다. 그러면 A씨는 할 일이 없어지고, 인터넷으로 대체되어버린다.

스페셜리스트 영업사원 B씨는 Y사의 업계 사정에 대해 잘 알고 있다. 사내에서는 아마 B씨가 그 업계에 가장 정통한 영업사원일 것이다. 그는 인사담당자가 가지고 있는 광고 이미지에 대해서 "오히려 이렇게 내보는 것이 효과적일 것 같습니다. 왜냐하면 귀사의 업계는……"이라고 자신 있게 제안한다. 인사담당자는 "과연 그렇군!" 하며 기뻐한다.

신청서는 내일 받기로 했는데, 그날 저녁 인사담당자가 컴퓨터를 보다가 경쟁 광고대리점에서 보낸 메일을 확인하게 된다. '귀사의 업계에서 신규 졸업자를 채용하신다면 이런 광고를 내보시는 것이 좋습니다'라고 쓰여 있다. 내용은 B씨가 제안한 것보다는 조금 못하기는 하나 거의 비슷하다. 그런데 가격을 보니 20%나 저렴하다.

인사담당자는 B씨가 가진 업계 스페셜리스트로서의 재능을 인정하면서도, 메일을 보낸 경쟁 대리점 쪽으로 마음을 바꿔 버렸다.

뉴 스페셜리스트인 영업사원 C씨는 인사담당자가 원하는 원고 작성에 대해 B씨와 비슷하게 제안하면서도, "그런데 귀사는 지난 몇 년 동안 신규채용을 하지 않은 것 같은데, 이번에 재개하신 배경은 무엇입니까?"라고 질문한다. 담당자는 예상외로 대답을 하지 못한다.

C씨는 계속해서 "설명하신 대로라면, 이번 예산만으로는 아무리 노력해도 귀사가 바라는 채용 수준에는 절반밖에 달성할 수 없을 것 같습니다. 신규채용은 일 년에 한 번밖에 기회가 없습니다. 나머지는 내년에 해도 괜찮을까요?"라고 묻는다.

C씨는 판단을 내리지 못하고 있는 담당자에게 이렇게 제안한다. "사장님께 여쭤보시겠습니까? 제가 동석할 수 있다면 귀사에 참고가 될 만한 사례들도 말씀드리겠습니다. 광고를 내는 것만으로는 귀사가 원하는 인재를 채용할 수 없습니다.

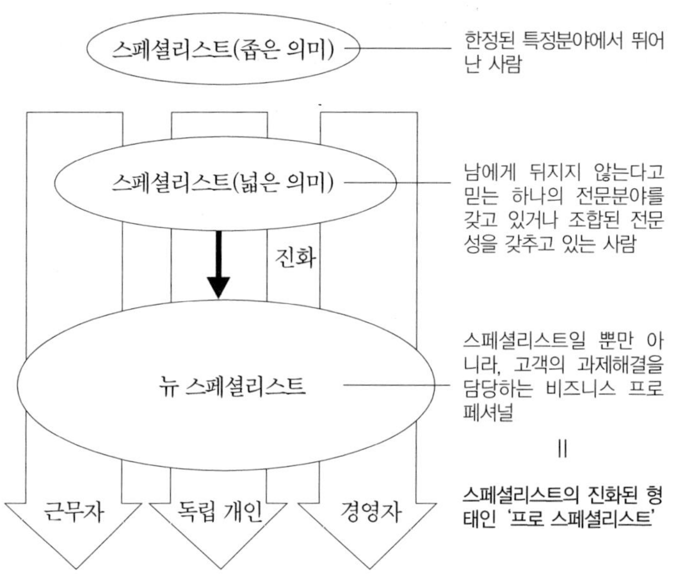



**〈그림 1-2〉 스페셜리스트와 뉴 스페셜리스트**

채용 체제, 과정, 인수 체제도 재구축할 필요가 있기 때문에, 채용 성공에 필요한 제안을 모두 해드리겠습니다. 반드시 성공해서 귀사가 바라는 목표를 달성하시지 않겠습니까? 제가 책임지고 지원해드리겠습니다."


## 누구라도 노력하면 '우승팀'이 될 수 있다

인사담당자와 함께 사장을 만나게 된 C씨는 음식체인점 Y사의 신규채용 목적이 3년 뒤의 경쟁에서 이기기 위한 사운이 걸린 투자임을 알게 된다. 점포의 수를 두 배로 늘리고 점장의 질도 높이고 싶다고 사장은 주장한다.

그러기 위해서는 먼저 사람 없이는 시작할 수 없는 것이다. 따라서 이번 신규채용은 반드시 성공하지 않으면 안 될 최우선 과제인 것이다.

C씨는 사장과 이야기를 주고받으면서 그가 바라는 인물상을 명확하게 정리해나간다. 다른 업계의 참고가 될 만한 사례들도 소개하면서 입사 전 연수의 필요성과 평가제도 개선에 대해서도 언급한다. C씨는 사장에게 프로로서 이번 채용을 모두 성공시킬 것을 약속한다.

C씨의 협력을 통해 이번 신규채용이 성공한다면, 사장은 인재채용에 관한 제도나 교육 모두를 먼저 C씨와 함께 의논하지 않을까?

스페셜리스트와 뉴 스페셜리스트의 차이가 바로 여기에 있는 것이다.

고용의 무국경화 속에서 '우승팀'이 되는 전제는 바로 '뉴 스페셜리스트'가 되는 것이다. 뉴 스페셜리스트가 되기는 쉽지 않다. 하지만 자신이 의식하지 못할 뿐이지, 이미 뉴 스페셜리스트로서 출발을 시작한 사람들도 적지 않다. 그리고 노력 여하에 따라 뉴 스페셜리스트가 될 수 있는 가능성은 누구에게나 열려 있다고 믿는다.

뉴 스페셜리스트를 향한 첫 번째 단계는 먼저 넓은 의미의 스페셜리스트가 되는 것이다. 즉, '남에게 뒤지지 않는다고 믿는 전문분야를 가지는 것'이다.

이때 '남에게 뒤지지 않는 분야 따위는 내게 없다. 뉴 스페셜리스트의 첫 번째 단계조차 해결할 수 없다'고 포기해버리는 사람들도 적지 않을 것이다.

하지만 자신의 커리어(career)를 협소한 의미의 스페셜리스트의 관점에서 바라보고 있을 가능성이 있다. 남에게 뒤지지 않는다고 믿는 전문분야는 당신이 의식하지 못할 뿐, 이미 몸에 배여 있을 가능성도 있다.

자신의 전문분야를 올바르게 바라보고 생각하는 방식에 대해서는 제2장에서 소개하도록 하겠다.

### 시장이 요구하는 분야에 초점을 맞추자

스페셜리스트로서의 전문분야를 결정할 때 또 한 가지 잊어서는 안 될 것이 바로 '시장성'이라는 관점이다. 시장이 요구하지 않는 분야를 정한다면 최종적으로 '우승팀'은 될 수 없다.

당신의 몸에 익힌 전문성이 지금 속해 있는 조직에서밖에 통용되지 않는 것이라면, 시장의 수요는 단 하나다. 이것을 오해하고 있는 사람은 자신의 담당 업무를 마구 복잡하게 만들려고 한다. 자신만의 체재(format)와 방식을 도입하여 "내가 하루라도 쉬면 회사가 제대로 돌아가지 않는다. 그래서 나는 이 회사에 꼭 필요한 존재다"고 말하면서 말이다.

분명 그 사람이 병으로 회사를 쉬는 순간부터 업무는 제대로 돌아가지 않게 될 것이다. 그 사람의 담당 부서는 아마 그 밖에 이해할 수 없는, 사내의 다른 사람이 건드릴 수 없는, 남에게 지지 않는 세계일 테니까 말이다.

하지만 이것은 경영적 관점에서 본다면 엄청난 피해가 아닐 수 없다. 경영자의 관점에서 생각하면 그런 사람은 회사에는 리스크다. 그러므로 하루라도 빨리 퇴출을 권유하고 싶어지고, 다소 돈이 들더라도 그 사람이 갑자기 회사를 쉬어도 곤란함을 당하지 않을 방법을 생각해낼 수 있는 사람을 채용할 것이다.

그렇게 오해하고 있는 사람은 그 뒤에 과연 어떻게 될까? 회사에 남을 수도 없을 뿐 아니라, 회사 밖으로 나간 순간부터 직장을 잃게 될 것이다. 왜냐하면 수요가 단 하나기 때문이다.

지금의 예를 스페셜리스트의 발상으로 바라보도록 하자. 당신이 현재의 직장에서 독자적인 포맷 만들기를 그만두고, 오히려 누구나 쉽게 이해할 수 있고, 더 나아가 '누구라도 해낼 수 있는 구조'를 만들었다고 해보자.

언뜻 보기에 당신은 스스로 자신의 일을 잃게 만들었다고 여길지도 모른다. 하지만 '누구라도 해낼 수 있는 구조'를 당신이 만들어냈다는 소문이 사내에 퍼져, 다른 부서에서도 '우리도 그렇게 해달라'는 요구가 들어올 것이다.

이것을 반복하는 동안 당신 개인에게는 노하우가 점점 쌓여 '어떤 직장에서도 대응할 수 있을' 정도의 노하우를 갖게 된다. 그리고 어느새 당신은 'BPR(Business Process Reengineering, 사내의 사업 재구축)의 스페셜리스트'가 되어 있을 것이다. 이미 그 일에는 사내에서 당신보다 뛰어난 사람은 없게 된다. 그렇게 되면 회사에서도 당신을 특별한 존재로 대우할 것이다.

또한 당신은 이미 회사 밖에서도 충분히 통용되는 힘을 가지게 된다. 스페셜리스트와는 무관하다고 여겼던 당신이 고객의 BPR을 담당하는 컨설팅 회사로부터 스페셜리스트로서 높은 연봉으로 스카우트될지도 모른다.

남에게 뒤지지 않고 다른 사람으로 교체될 수 없는 일이란 자신만이 이해할 수 있는 포맷과 업무 방식을 가리키는 것이 아니다. 그것은 담당업무에 임하는 자신의 방식을 바꾸는 것만으로도 충분히 실현 가능한 일이다.

## '제1인자'의 메리트(merit), 시장성의 메리트

만약 당신의 전문분야가 회사 밖에서도 통용되는 수준이라 하더라도, 그것이 아직 세상에 충분히 침투되지 않았다고 한다면 어떻게 될까? 다시 말해, 현 시점에서의 수요가 충분하지 않거나 사려고 하는 쪽에서도 반신반의하는 상황이라고 한다면, 현재 다니고 있는 직장을 뛰쳐나온들, 당신은 아마 당분간

고전을 면치 못하게 될 것이다. 시기상조인 셈이다.

당분간이라면 그나마 낫겠지만, 계속해서 빛을 보지 못하게 될 가능성도 염두에 두지 않으면 안 된다.

선구자란 시장의 개척자를 말한다. 고생은 하지만 시장을 개척하는 그날이 오면, 누군가가 똑같이 따라 해도 금방 쫓아 올 수 없는 '제1인자'로서의 지위를 확보할 수 있게 된다.

일반 사람들에게 별로 주목받지 못했던 분야에서도 수요가 늘어난 순간부터 이곳 저곳에서 서로들 필요하는 존재가 된다. 와인 하면 누구, 풍수 하면 누구라는 식으로 말이다.

사람들은 세계 최초로 비행기를 만들어서 하늘을 난 사람은 알고 있지만, 두 번째로 하늘을 난 사람이 누구인지는 잘 모른다. 첫 번째는 이렇게 중요한 것이다.

한편, 자신의 전문분야에서 이미 수요가 넘쳐난다면 어떻게 할까? 남에게 뒤지지 않는 분야라는 것은 그 분야에서 최고를 뜻한다. 최고는 단 한 사람밖에 존재할 수 없다.

그러나 수요만 충분하다면 다른 사람들과 다소 차별화될 수 없다고 하더라도 어떻게든 된다. 수요가 넘치기 때문에 그것을 제공할 수 있는 사람을 기업 측에서는 어떻게든 채용하려고 하는 것이다.

예를 들면 기술 분야에서는 신기술 출시에 대응할 수 있는 엔지니어가 그리 많지 않기 때문에, 여러 곳에서 인기가 있는 것은 전혀 이상한 일이 아니다. 사람은 한정되어 있는데다가

지금 당장 필요하기 때문에 연령이나 학력, 이직 횟수에 상관 없이 대기업에도 좋은 조건으로 뽑혀간다.

**시장은 '지금'보다 '조금 더 앞'을 내다본다**

'시장성'은 스페셜리스트가 되기 위한 매우 중요한 요소다. 단, 시장은 '지금'만을 바라봐서는 절대 안 된다.

10년 앞을 내다보지 못하면 수요의 변화에 휘둘리고 만다. 아마 10년도 채 가지 못하고 2~3년 뒤에 수요가 완전히 사라질지도 모를 일이다.

10년 앞을 내다본다? 하지만 어떻게 아마추어가 10년 앞을 내다볼 수 있단 말인가? 개막 전의 프로야구 우승 예측이나 싱크탱크가 발표하는 반 년 뒤의 경제 예측조차 의심스러운데 말이다.

특별한 예측을 하려고 하는 것이 아니다. 누구라도 상상할 수 있는 10년 뒤의 명백한 사실을 말하는 것이다.

예를 들면 '임박해오는 고령화 사회', '저출산화의 흐름', '개인마다 다양해지는 기호', '영어를 구사하는 일본인의 증가'와 같은 것들은 예측이면서도 실은 누구나 인정하는 명백한 사실들이다. 이밖에도 10년 뒤를 예측할 수 있는 것들은 우리 주변에 많이 있다.

이런 사실들을 전제로 자신의 전문분야와의 접점을 찾아나간다면, 시장을 '내다본다'는 것은 그다지 어려운 일이 아닐 것이다.

시장은 앞을 내다보는 것뿐만 아니라 '지금'보다 '조금 더 앞'을 내다보고, 제공 가치를 유연하게 변화시키는 것도 필요하다.

다윈의 『진화론』에 이렇게 나와 있다. '살아남는 것은 큰 것도 아니고 똑똑한 것도 아니다. 그것은 변화할 수 있는 것이다'고 말이다.

# 3
## 자신의 의사로 명백한 결정을 내리자

**나를 필요로 하는 곳을 찾자**

뉴 스페셜리스트가 되려는 목적은 구조조정을 피하기 위한 것이 아니다. 회사 사정이 나빠지면 자신이 아무리 열심히 일해도, 부득이하게 갑자기 닥쳐오는 것들이 있게 마련이다. 경영방침의 전환이나 인간관계로 말미암아 더 이상 머무를 수 없는 경우도 있을 것이다.

뉴 스페셜리스트의 발상은 적극적이다. '회사로부터 언제 퇴직을 강요당해도 개의치 않는다' 또는 '이 회사에 있고 싶은 이유가 없어졌을 때는 자신의 뜻으로 회사를 나가기' 위한 준비를 해둔다는 것이다.

남에게 뒤지지 않는 분야를 갖고 있다면 나이란 전혀 문제가 되지 않는다. 고객을 위한 가치의 대소만이 자신의 가치를 결정하는 기준이 된다.

이것은 조직 안에서 일하든, 개인이 독립하여 일하든 마찬가지다. 스페셜리스트의 정의에도 나와 있듯이 '조직의 소속여부와는 관계가 없다.' 독립하여 일을 시작하면 기업의 급여제도와 같은 단가 기준이 없기 때문에, 제공 가격에 대한 반응이 더 직접적으로 자신에게 되돌아올 뿐이다.

회사를 설립해서 경영하는 경우도 마찬가지다. 남에게 뒤지지 않을 강점이 있다면 가격은 유지 가능하며, 수요가 있는 만큼 계속해서 팔려나간다. 반대로, 똑같은 서비스를 제공하는 경쟁회사가 있다면 가격경쟁이 불가피해지고, 서비스와 가격에서 더 나은 경쟁회사가 나타난다면 시장에서 더 이상 살아남을 수 없게 된다.

뉴 스페셜리스트를 향한 첫 번째 단계, 즉 스페셜리스트로서 남에게 뒤지지 않는 전문분야를 정하는 것은 결국 자신을 필요로 하는 곳을 찾는 것이다. 내 인생에서 나를 필요로 하는 곳이 과연 어디인가를 정하는 일이다. 이때 시장성을 고려한다면 일뿐만이 아니라, 처우와 시간도 내가 원하는 대로 얻을 수 있는 기회를 얻는다.

나를 필요로 하는 곳과 내가 하고 싶은 일은 일치하지 않을 수도 있다. 어느 쪽을 선택할 것인지는 당신의 몫이다.

선택하기 어려울 때는 일단 기한을 정해두고, 어느 한 회사에서 끈기 있게 버텨본 뒤에 다시 한 번 생각해보는 것도 좋을 것이다.

## 조직의 의사에 얽매이지 않는 승부를 하자

한 번뿐인 인생이기 때문에 회사의 의사가 아니라, 나의 의사로 결정해나가야 한다. "회사 생활이 나에게 큰 도움이 되었습니다. 덕분에 많은 능력이 생겨서 이제부터 회사 밖으로 나가서 열심히 일해보겠습니다. 앞으로 밖에서도 좋은 파트너로 지내기를 바랍니다"라고 늘 말할 수 있는 상태로 지낼 수 있다면 가장 좋다.

나 역시도 똑같은 말을 상사에게 하고, 16년이 넘도록 몸담고 있던 (주)리크루트를 2년 전에 떠나왔다. 리크루트는 젊은 에너지가 밑에서부터 끓어 올라오는 건강한 회사다.

업무를 맡아서 자유롭게 제안하고, 회사를 그만둘 시점에도 신규사업을 맡은 책임자의 한 사람으로서 즐겁게 일하면서도, 항상 나이든 사람(당시 30대 후반이긴 했지만)이 머물러 있어서는 안 되겠다고 생각하기 시작했다. 또한 사업의 중핵 부분에 점점 더 다가가자, 조직의 의향에 얽매이지 않는 승부를 하고 싶어졌다.

리크루트를 퇴직하고 독립하기까지 1년 반의 시간이 걸렸지만, 그동안 늘 생각해왔던 것은 '나의 전문분야를 어떻게 정할 것인가' 하는 문제였다.

내가 쌓아온 전문성을 몇 번이고 재고하면서 그것들을 여러 개로 조합함으로써, '남에게 뒤지지 않으면서 시장성이 있는' 전문분야가 있다는 것을 알았다.

나의 전문성은 크게 네 가지였다. 경영자의 관점에서 사업을 바라볼 수 있는 능력, 인사채용 교육 분야, 사업기획과 마케팅 분야, 그리고 언어 능력과 표현 능력이 그것이다.

먼저 경영자의 관점과 표현 능력을 조합했다.

방침과 사고방식이 아무리 참신해도 그것을 제대로 표현하지 못하는 경영자가 적지 않은 것 같다.

그뿐만이 아니라 제대로 정리도 못하는 사람들도 많다. 방침과 사고방식을 함께 정리하고, 사내와 사외에 전달하여 침투시켜나가도록 내가 도와줄 수는 없을까 하고 생각했다.

경영자의 사고방식은 경영자의 관점에서 받아들이지 않으면 그 진정한 의미를 잃어버리게 된다. 따라서 그저 문장을 쓰고 표현할 수 있는 것만으로는 불가능한 것이다.

나라면 최종적인 곳까지 침투시킬 수 있으리라 생각했다. 경영 컨설팅을 하는 것이 새로운 접근방법이라고 확신했던 것이다.

새로운 접근인 만큼 한마디로 설명할 수 없는 것이 어려운 점이었다. 나는 이것을 '기업이 기업다워지게 하는 침투' 또는 '경영이념의 침투' 컨설팅이라고 부르며, 명함에는 '커뮤니케이션 플래너(communication planner)'라는 명칭을 새겨넣었다.

인사와 채용, 사업기획, 마케팅은 경영에서 중요한 과제지

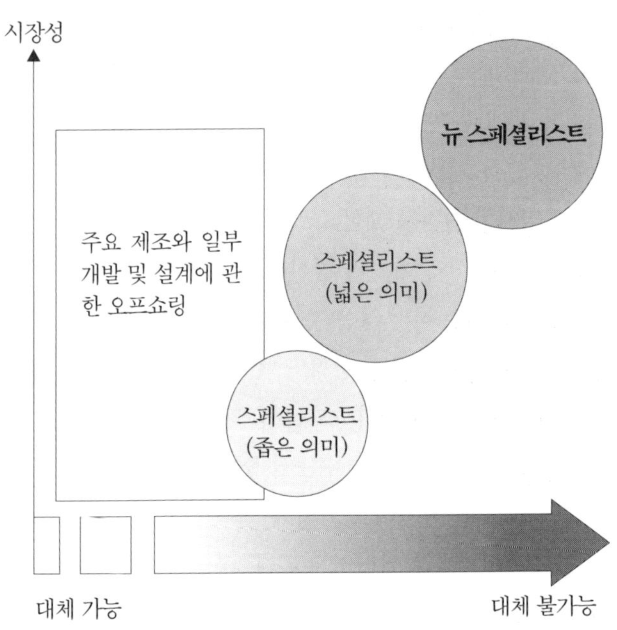


〈그림 1-3〉 뉴 스페셜리스트와 시장가격

| 주요 제조와 일부 개발 및 설계에 관한 오프쇼링 | • 해외의 저임금 노동력과의 업무쟁탈<br>• 결국에는 가격경쟁(가치경쟁이 아니다)<br>• 처우 조건 인하 압력에 놓인다.<br>• 생계에 급급하여, 장시간 노동으로 보충<br>• 일방적인 해고통지, 처우 조건 악화<br>• 시간을 관리할 수 없고 바쁘다. |
|---|---|
| 뉴 스페셜리스트 | ◦ 하고 싶은 일을 선택할 수 있고 고객에게 발탁된다.<br>◦ 성과에 걸맞은 처우를 받는다.<br>◦ 결과로 인해 고객에게 감사를 받는다.<br>◦ 최종 성과가 기대되는 엄격함과 책임감<br>◦ 성장을 느낄 수 있다.<br>◦ 자신만의 시간도 스스로 만들어낼 수 있다. |

만 경영자의 기본방침과 사고방식, 그리고 이념 등을 이해한 다음에 전개하는 것과 그렇지 않은 것에는 큰 차이가 나타난다.

명확한 방침과 사고방식을 가진 경영자일수록 일을 이해하고 몰두해줄 수 있는 사람에게 상담받을 것이다. 각 분야에서 내가 경험한 '과제해결 경험'을 살릴 수 있는 이미지가 솟아났다.

방향을 정하고 독립한 지 1년. 나는 행복하게 뉴 스페셜리스트 생활을 보내고 있다.

# 4
# 미국과 유럽의 스페셜리스트들

## 미국에서는 4명 중 1명이 비정규직 '자유계약자'

미국에서는 일하는 사람의 4명 중 1명, 좀더 앞선 지역에서는 3명 중 1명이 'IC(Independent Contractor, 자유계약자)'라고 하여, 조직에 속하지 않은 비정규직 '업무 도급인'의 입장에서 일하고 있다. 하지만 IC라고 해서 모두가 넓은 의미의 스페셜리스트라고는 말할 수 없다.

예를 들면 미국에는 개인 영업사원으로서 여러 가지 제품을 들고 팔러 다니는 사람들도 많지만, 모두가 명확한 특징을 가지고 있는 것은 아니다. IC이기 때문에 스페셜리스트라고 할 수는 없다.

미국에는 자신이 스페셜리스트라고 자각을 하든 안 하든, 다니고 있는 회사를 그만두는 경우가 많다. 왜냐하면 더 높은 값에 자신을 사줄 사람이 회사 바깥에 있다는 것을 알기 때문이다.

경영자 측에서도 인재 유출에 관해서는 거의 절반쯤은 포기하고 있는 상태라서, 기간 안에 일정량 이상의 성과 달성을 전제로 한 계약관계를 중시한다.

미국기업의 일본법인에 근무하는 친구의 말에 따르면, 회사 동료가 이직한다고 하면 모두들 부러워한다고 한다. 구체적인 대우까지는 묻지 않아도 자신을 지금의 회사보다 높게 평가해주는 회사가 있기 때문에 이직하는 것임을 전제로 하고 있으며, 또한 '나도 언젠가는 어딘가로 스카우트되고 싶다'고 생각하면서, 자신의 전문성을 더욱 더 갈고 닦으려고 분발한다고 한다.

자사의 중핵 기술과 강점을 발휘하는 영역이 아니라면, 기업 측은 회사 밖에서 필요한 기간에, 필요한 양만큼의 전문성을 사고 싶어한다. 고정비용이 증가하고 중간에 떠 안을 리스크를 생각한다면, 비용이 다소 비싸더라도 지불할 가치가 있는 것이다.

미국기업들의 고민은 자사의 강점을 담보로 하는 중핵 기술의 인재들을 어떻게 하면 끝까지 붙잡아둘 수 있느냐에 있는 것 같다.

## 프랑스와 독일은 국가 차원의 스페셜리스트 사회

그렇다면 유럽은 어떨까? 파리에서 10년이 넘게 일하고 있는 친구에게 물어보았다. 유럽의 경우는 나라마다 사정이 다른데, 고용 환경에서는 영국은 미국과 공통점이 많고, 프랑스는 독일과 공통점이 많다고 한다.

프랑스와 독일은 국가 차원의 스페셜리스트 사회라고 할 수 있는데, 쉽게 말하면 일본이 기업 중심의 종단적 기업사회임에 반해 이들 나라는 직종 중심의 횡단적 사회라고 할 수 있다. 또한 프랑스에서 의미하는 스페셜리스트란 그에 상응하는 자격증을 갖고 있는 사람을 가리키는 경우가 많다고 한다.

예술가, 즉 아티스트에게도 자격증이 있고, '메종·데·아티스트'라는 조직에 등록되어 있다. 몽마르트에서 초상화를 그리는 사람들도 대부분 이곳에 등록된 아티스트들이다.

일본에서는 이공계열의 공부를 하지 않아도 기술직에 배치되면 엔지니어가 되지만, 프랑스에서 엔지니어라고 불리려면 국가 자격증이 있어야 되고, 아무리 유능한 사람이라도 국가 자격증이 없으면 엔지니어라고 불릴 수 없는 것이다.

일본에서는 "나는 ○○ 주식회사에서 근무합니다"라고 자신을 소개하지만, 프랑스에서는 "○○ 전문 엔지니어이고, 관리직입니다"라고 자신을 소개한다고 한다. 프랑스에서는 국가 자격의 전문분야와 직책이 있고, 그 직책은 관리직과 일반직으로 나뉘며 급여에도 차이가 있다. 따라서 회사 이름이 적혀 있는 명함은 별로 중요한 의미가 없고 명함이 없는 간부들도 있다.

그렇다고 해서 자격증만 있으면 일이나 처우가 보장되는 것은 아니다. 여기에서도 차별화가 중요하다.

하나는 전문분야를 갖는 것이다. 변호사라고 해도 결혼 전문, 노동쟁의 전문과 같이 내세울 만한 분야가 사무실 간판에 쓰여 있다. 아티스트들도 등록할 때, '조각', '회화', '스테인드글라스', '모자이크'와 같이 자신의 전문분야를 기입한다.

또 하나는 바로 경험이다. 즉 '어떤 전문분야에서, 어떤 경험이 있기 때문에 나에게 일을 의뢰하면 이득이다'라고 어필해서 일을 따내고, 경험을 쌓으면서 자신의 능력을 더욱 향상시켜나간다.

스페셜리스트가 남에게 뒤지지 않는 전문분야를 가짐으로써, 좀더 좋은 일과 처우를 얻을 수 있다는 것이 미국과 유럽에서 주류를 이루고 있음을 알 수 있다.

'전 세계적으로 고용의 무국경화'가 진행중이다. 미국과 유럽의 스페셜리스트 문화와 일본의 기업문화가 어떻게 서로 영향을 미칠 것인가를 빨리 파악할 필요가 있을 것 같다.

# 5

## 조직인가 독립인가, 자신을 가장
## 빛낼 수 있는 선택을 하자

나는 리크루트를 그만두고 일단 친구가 설립한 새로운 개념의 인재 비즈니스 회사에 제2인자의 위치에서 도와주는 길을 선택했다. 하고 싶은 일이 서로 다르다는 것을 알고 있었기 때문에, '1~2년 동안 사업계획이 설 때까지' 라는 약속을 하고 말이다.

사업 개념은 '스페셜리스트에 의한 아웃소싱' 이었다. 뉴 스페셜리스트들이 기간이 한정된 프로젝트를 맡아, 필요하다면 팀을 구성하여 진행시켜나가는 서비스였다.

사업을 수립할 때, 인재 모집에 관한 일로 일본에서는 그 존재가 별로 알려지지 않은 스페셜리스트와 뉴 스페셜리스트들을 만날 기회가 아주 많았다.

'자칭 스페셜리스트' 나 '자칭 뉴 스페셜리스트' 라는 사람들도 있었고, 이직상담을 위해 이야기를 하는 사이에 '이미 스페셜리스트나 뉴 스페셜리스트의 길을 막 걷기 시작한 사람'임을 알고 자신들이 놀라는 경우도 있었다. 스페셜리스트가 되고 싶지만 '아직은 마음만 스페셜리스트'라고 말하는 사람도 있었다.

하지만 대부분의 사람들이 정규직 사원으로 이직을 희망했으며, 개인으로 독립하려는 사람은 거의 없었다. 왜 모두들 그렇게 정규직 사원을 고집하는 것일까?

결론은 두 가지다. 첫째는 급여와 일 자체를 종합적으로 판단할 때, 역시 조직이라는 방패를 잃어버리는 것은 큰 위험 부담이 있으며, 그런 리스크를 뛰어넘을 만한 인생의 전환을 기대할 수 없으면 일할 수 없다는 것이다.

그리고 두 번째 결론은 사람에게는 여러 종류의 유형이 있다는 것이다. 조직 속에서 힘을 발휘할 수 있는 사람, 개인으로 활약해서 힘을 발휘할 수 있는 사람, 경영자로서 힘을 발휘할 수 있는 사람 등 여러 유형의 사람들이 있지만, 일본에는 역사적으로도 그렇고, 조직 속에서 힘을 발휘할 수 있는 사람들이 많은 것 같다.

첫 번째 결론에 대해서는 제2장을 읽고 난 뒤, 자신의 전문 분야에 따라 결정해야 할 것이다. 시장성도 감안하여 리스크를 뛰어넘을 만한 전환을 기대할 수 있을지, 없을지에 달려 있다.

그리고 두 번째 결론에 대해서 나는 '조직 속에서 힘을 발휘할 수 있는 사람들'의 존재를 적극적으로 인정하고자 한다. 현재의 조직 속에 계속 남아 있는 것도 좋고, 조직을 이리저리 옮기는 것도 괜찮다. 자신에게 가장 잘 맞는 스타일을 고르는 것이 가장 좋다.

부디 지금까지의 인생을 되돌아보며, 조직의 일원으로 있는 것이 자신을 가장 빛내는 것인지를 곰곰이 생각하여, 최상의 결정을 내리기 바란다.

'회사를 옮기지 않는다, 옮긴다, 회사를 그만두고 독립한다, 창업한다 …… 나는 어떤 전문분야에서, 어떤 근무형태로 일해 나갈까?' 남에게 뒤지지 않는 전문분야를 정함과 동시에, 스페셜리스트나 뉴 스페셜리스트로서의 근무형태를 정해보길 바란다.

## 제2장

# 스페셜리스트가 되기 위한 7가지 길

Become a New Type of Specialist!

지금부터는 내가 전前 직장에서 스페셜리스트에 의한 아웃소싱 비즈니스를 시작하면서 만났던 사람들에 대해 소개하려고 한다. 그들이 각각 어떻게 자신들의 커리어를 의식하고, ‘남에게 뒤지지 않는 전문분야’ 를 정해나갔는지를 알리고자 함이다.

먼저 7가지 유형으로 분류해보았다. 스페셜리스트를 향한 길이 의외로 우리 주변에 활짝 열려 있다는 것을 알 수 있으리라 생각한다.

## 유형 1  1점 돌파

이 유형은 1점을 특화시킨 전문성인데, 시대성이 있기 때문에 많은 수요를 내다볼 수 있으며, 업무 의뢰에도 어려움이 없는 유형이다.

지금 소개하는 3명의 사람들이 회사 근무를 통해 얻은 것은 일정 규모의 회사나 업계라면 있음직한 경험들이다. 하지만 한 사람, 한 사람의 독자적인 취향이 있기 때문에, 경쟁 상대가 있어도 차별화할 수 있는 플러스알파가 있다. 결과적으로 스페셜리스트라고 불릴 만한 강점을 가지고 있는 것이 특징이다.

### ISO 취득 전문가 – A씨(남자, 32세)의 경우

전문분야: ISO 등의 환경·품질 인증 취득 프로젝트 리더
남에게 뒤지지 않는 능력: 세일즈 엔지니어로서의 경험을 통해 몸에 익힌 과제정리 능력과 교섭 능력으로 경영에서 최고, 현장에서도 대응 가능한 능력
희망 근무형태: 업무위탁

A씨는 일류대학 이공계를 졸업했고 회사원 경력도 있지만, 현재는 특정 조직에 속하지 않고 업무위탁 방식으로 일하고 있다.

업무위탁이란 어떤 업무를 위탁받아 일하는 관계를 말한다. 그가 업무위탁 계약을 선택한 데는 두 가지 이유가 있다.

그의 전문분야는 'ISO'라 불리는 국제적인 품질·환경 기준의 인증 취득 프로젝트의 리더다.

지난 몇 년 동안 일본에서는 환경과 품질에 관해 사람들의 관심이 높아졌으며, 대기업을 중심으로 국제적인 인증 기준인 ISO, 특히 품질보증과 관련된 ISO9001과 환경활동에 관련된 ISO14001이라는 두 개의 인증 취득에 대한 움직임이 활발히 일어나고 있다.

하지만 모든 회사들이 이제 막 취득하려고 움직이고 있기 때문에 사내에는 전혀 노하우가 없다. 이럴 때 실무 수준의 전문 지식을 가진 프로젝트 리더가 있다면 참으로 고마운 일이 아닐 수 없다. 그것도 인증을 취득할 때까지 만이다. 자사 내의 사원을 육성하는 한계와 사내에 전문 인력을 두고 고정비 용화하는 것을 두려워하기 때문에, 한정된 기간 안에 외부에서 전문가를 요청하려고 한다. 이것이 A씨가 업무위탁 계약을 선택한 첫 번째 이유다.

그리고 또 한 가지 이유는 인증받으려는 측의 업계 사정이다. A씨는 대학을 졸업하고, 잠시 OA 기기와 부품 제조회사의 세일즈 엔지니어로 일했다.

그 뒤 품질관리부서로 옮겨, ISO 인증 취득 프로젝트 리더로서 사내의 모든 ISO 취득 프로젝트를 맡아 처리하면서 착실하게 실력을 쌓아나갔다.

A씨는 문득 이런 생각을 했다. '나는 우연한 기회에 ISO의 스페셜리스트가 되었지만, 이 일을 해나가는 동안 일하는 것이 정말 재미있어졌다. 하지만 이 회사에서 계속 일해도 기술 향상을 바랄 수가 없다.'

항간에는 ISO 취득 지원을 내건 컨설턴트 회사가 있었지만, A씨가 하고 싶었던 것은 현장에서의 실무였다. 대부분의 컨설턴트 회사들은 실무지원까지는 하지 않는다.

A씨는 ISO 심사관 자격도 취득했지만, 회사 밖으로 눈을 돌려보니 자격증을 살릴 만한 회사가 없다는 것을 깨달았다. A씨는 개인 업무위탁 형태로, 다양한 업종과 업태에 맞는 기업의 ISO 취득을 지원하기로 결정했다.

회사를 그만두고 혼자 독립해보니, 기업 측의 요구가 오히려 A씨를 위한 것임을 알았다. 의뢰하는 기업 측에서 보면 컨설턴트 회사의 견적은 나름대로 비싼 편이었다.

그런데 A씨는 자기 한 사람의 수입만 해결되면 충분하기 때문에, 사무실도 필요 없는데다가 실무 수준의 업무까지 담당할 수 있는 실력이었다.

더욱이 A씨는 기업에서 필요로 하는 인재가 될 수 있는 장점을 가지고 있었다. 그것은 풍부한 세일즈 엔지니어의 경험을 통해 얻은 과제정리 능력과 교섭 능력이었다.

ISO 인증 취득을 추진하려면 경영자의 이해와 설득, 그리고

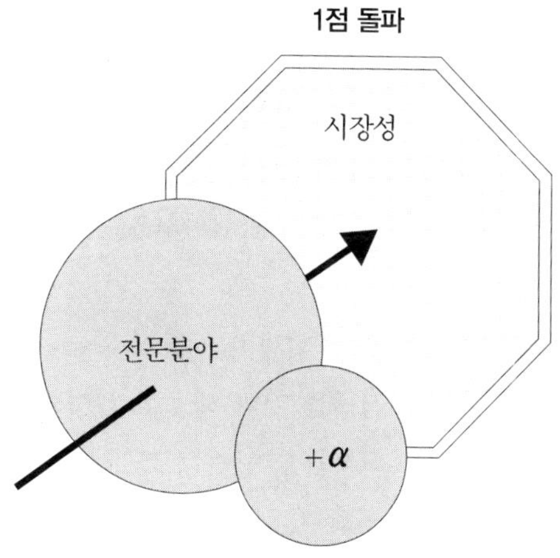

〈그림 2-1〉 스페셜리스트가 되는 방법(유형 1)

- 1점을 특화시킨 전문성인데, 시대성이 있기 때문에 많은 수요를 내다볼 수 있으며, 업무 의뢰에도 어려움이 없다.
- 한 사람, 한 사람의 독자적인 취향이 있기 때문에, 경쟁 상대가 있어도 차별화할 수 있는 플러스알파가 있다. 결과적으로 스페셜리스트라고 불릴 만한 강점을 가지고 있는 것이 특징이다.

현장에 대한 이해침투와 협력체제가 필수다. 이것을 담당하는 사람이 프로젝트 리더며, 그런 사람에게는 사장과 임원들에게도 겁먹지 않고 이야기할 수 있는 뛰어난 능력이 필요하다.

ISO 인증 취득 실무를 되풀이하는 것만으로는 쌓을 수 없는 기술이다. 세일즈 엔지니어로서 활약한 A씨는 그런 기술을 가지고 있었다.

A씨는 먼저 외국계 대기업의 ISO 인증 취득 프로젝트의 현장 리더를 맡았다. 계약은 약 6개월. 종료 시점에서 그쪽 회사로부터 '우리 회사의 직원이 되지 않겠느냐'는 제의를 받았다.

비슷한 시기에 또 다시 외국계 대기업으로부터 새로운 인증 취득 프로젝트의 리더를 맡아달라는 의뢰가 들어왔는데, 결국 A씨는 첫 번째 회사의 제의를 정중히 거절하고, 두 번째 회사의 업무를 개시했다.

A씨는 ISO를 유지하기 위해 한 회사의 사원이 되는 길보다는 새로운 환경에서 다시 시작하는 것과 새로운 업계의 회사나 사람들과 만나서 설레는 마음으로 일하는 것에 매력을 느꼈다고 한다.

## 업무 재구축 프로젝트 리더 – B씨(남자, 42세)의 경우

전문분야: 조직의 구조조정 및 시스템 구축 프로젝트 리더

남에게 뒤지지 않는 능력: 다양한 부문과 규모를 대상으로 한 프로젝트 리더로서의 경험, 연간 수천억 원 단위의 비용 절감을 실현시킨 실적

희망 근무형태: 상관없음(다만, 재미있는 프로젝트를 맡는다)

B씨는 시코쿠에 있는 국립대학을 졸업한 뒤, 도쿄의 한 제약회사에 취직했다. 영업을 경험한 후, 센다이 지점으로 옮겨 지점 내의 MR(의료정보 담당자)용 시스템 개발을 담당했다. B씨의 MR 현장경험이 반영되어 시스템 도입에서 큰 성공을 거두었고, 지점의 매출이 크게 신장되었다. 도쿄로 불려가서, 전술

회사의 MR용 시스템 개발의 실질적인 리더를 맡았다.

'업무 재구축과 시스템 도입의 스페셜리스트'라는 B씨에 대한 이미지가 사내에 정착되었다. 그는 지금도 사내 각 부서의 업무 재고 프로젝트를 맡고 있다.

## 채권회수의 프로 – C씨(남자, 63세)의 경우

전문분야: 채권회수 실무

남에게 뒤지지 않는 능력: 채권회수 실무경험과 더불어 금융업계에서의 폭넓은 경험과 연륜을 겸비한 설득력

희망 근무형태: 가능하면 업무위탁. 연금도 있기 때문에 처우는 최소한으로 족하다. 나를 정말로 필요로 하는 곳에서 일하고 싶다.

C씨는 고등학교를 졸업하고 은행에 입사했다. 학력의 불리한 조건에도 불구하고 요직까지 올랐는데, 그 뒤에 주요 거래처의 업적 재정비를 위해 출장 근무를 했다.

채권회수 책임자로서 현장을 둘러보던 가운데 앞으로 채권회수 실무에서 커다란 시장이 형성되리라는 것을 실감했다.

재정비에 관한 전망이 세워지고 은행으로 복귀할 시점에서 과감히 퇴사하고, 일본에서도 주목받기 시작한 채권회수 전문회사로 이직했다.

정년을 맞았지만 몸도 마음도 아직은 너무나 젊다. C씨의 희망대로 대기업에서 업무위탁 형태로 채권회수의 제의가 들어왔다.

이 세 사람의 공통점은 여러 가지 경위를 통해 얻은 특기 분야가 자신의 적성에 잘 맞는다는 것을 깨닫고, 그것에 미래를 거는 결단을 내려서 독자적인 장점으로 특성화시키려고 노력했다는 점이다.

원래부터 수요가 계속 있는 분야였기 때문에 그 상태만 유지해도 충분했지만, 과감하게 그들만의 특성화를 내걸었다.

이런 각각의 특성화가 의도적이라기보다는 '남보다 더 많은 부가가치를 고객에게 제공하고 싶다'는 생각에서 출발한 것이라고 들었다.

아마 그들은 영업을 하지 않아도, 앞으로 '○○ 씨라면 믿고 맡길 수 있다'는 소문이 퍼져서 업무 의뢰가 끊임없이 이어지리라 여겨진다.

 두 가지 직종을 조합한다

이 유형은 자신의 뜻에 솔직하게 따르거나 의식적으로 노력하여 특기 직종을 두 개로 만든 뒤, 그것을 조합하여 경쟁업자가 모방할 수 없는 전문성을 실현시킨 경우다.

직종을 바꾼다는 것은 첫 번째 직종의 전문성을 버리는 것이라고 생각하기 쉽다. 두 개의 전문성을 어떻게 결합시키느냐에 따라 수요의 크고 작음이 나타나기 때문에, 무엇을 두 번째 직종으로 할 것인지가 상당히 중요해진다.

두 개의 접점을 시장의 수요와 연결시켜서 정해보길 바란다.

### 기술을 아는 영업사원 – D씨(남자, 35세)의 경우

**전문분야:** 시스템 개발기술에 대해 잘 알고 있는 영업사원
**남에게 뒤지지 않는 능력:** 기술자로서 오랜 경험이 있으며, 영업사원 출신
보다 더 뛰어난 영업력을 갖추고 있다.
**희망 근무형태:** 정규사원

이미 회사를 그만두고 나서 상담받으러 온 D씨. 그는 컴퓨터 관련 전문학교를 졸업하고 대기업 제어계통 설계회사에 취직했다. 처음에는 제어계통 설계엔지니어로 시작했지만, 얼마 뒤 학창시절의 전공과 취미를 살려 회사에서 신규사업으로 시작한 컴퓨터 시스템 개발 부문으로 옮겼다. 만들어진 지 얼마

안 된 작은 조직이었기 때문에, 세일즈 엔지니어로 일하면서
도 고객을 직접 방문하는 하루하루를 보냈다.

그때까지는 자신이 엔지니어임을 의심해보지 않았지만, 영
업활동을 하면서 즐거워하는 또 다른 자신을 발견했다.

과감히 영업으로 직종 전환을 희망했으며, 회사도 세일즈
엔지니어로서의 활약을 인정하여 그의 뜻을 곧바로 받아들였
다. 기술 분야에 정통한 영업사원이 탄생한 것이다.

엔지니어로서의 전문성을 잘 활용하여 실적을 올린 뒤, 영
업부서의 매니저로 승진했다. 그러나 1년 뒤에 갑작스러운 이
동명령이 떨어졌다. 회사는 D씨를 미래의 간부후보로 점찍어
놓고 본부로 불러들여, 간부로서 필요한 회계와 총괄적인 경
험을 쌓게 하려고 했던 것이다.

본부에서 이것저것 훈련을 받은 지 3년째. 자신이 하고 싶은
것을 회사 측에 계속 주장해왔지만, 받아들여지지 않자 결국
이직을 생각했다.

'설사 원래의 업무로 다시 돌아갈 수 있다고 해도 시스템 개
발 사업은 사내의 부수적 위치에 불과하고, 제어설계 사업이
주류라는 사실은 변함이 없을 것이다. 그렇다면 밖으로 나가
서 기술 차원에서 시스템 개발에 정통한 영업사원으로 살아가
자'고 생각한 것이다.

이제는 웹(WEB) 계열 개발이 주류를 이루고 있다. D씨는
영업부장으로 맞아준 새 회사에서 활약하면서 혼자서 기술 공

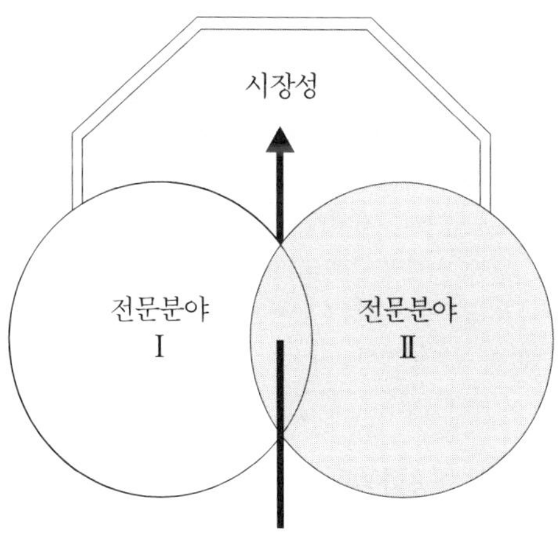


- 자신의 뜻에 솔직하게 따르거나 의식적으로 노력하여 특기 직종을 두 개로 만든 뒤, 그것을 조합하여 경쟁업자가 모방할 수 없는 전문성을 실현시킨 경우.
- 두 가지 직종을 조합한 전형적인 예로 '기술＋영업' 이나 기술을 기반으로 한 경우가 있는데, 한쪽이 기술이 아니더라도 시장가격이 높은 조합은 얼마든지 존재한다.
- 일본에서는 기술자가 경영에 관한 이해를 갖추고 있어도 시장가격이 껑충 뛰어오른다.


부도 계속해나갔다. 자칫 어긋날 수도 있는 영업사원과 엔지니어의 의사소통의 중간 역할을 하면서 양쪽 모두로부터 두텁게 신뢰받는 존재가 되었다.

그러나 회사는 매출과는 별도로 경영부진에 허덕이다가 최종적으로 도산했다. D씨는 지금 신천지를 찾고 있지만 이미 여러 곳에서 제의가 들어오고 있다.

## 기술에 강한 최고정보책임자 - E씨(남자, 43세)의 경우

전문분야: 금융업계에 강한 CIO(Chief Information Officer, 최고정보책임자)

남에게 뒤지지 않는 능력: 금융업계에서의 현장실무 경험이 풍부하다. 특히 IT를 이해하는 사람이 별로 없는 준대기업 수준의 회사에서 기업전략으로써의 IT 활용을 혼자서 도맡아 해낼 수 있는 존재다.

희망 근무형태: 이사 또는 집행임원

E씨는 도쿄에서 고등학교를 졸업하고 대기업 통신사에 취직했다. 당시에는 아직 흔하지 않았던 통신과 컴퓨터에 관한 공부를 학창시절부터 줄곧 해온 덕분에, 회사가 다른 업계보다 앞서서 참가한 EC(Electronic Commerce, 전자상거래)의 프로젝트 구성원으로 발탁되었다. 그리고 얼마 뒤에 전자상거래 관련 대기업 컴퓨터 제조업체에 스카우트되어 고객의 EC 시스템 구축을 담당했다. 그 사이에 어느덧 15년이라는 세월이 지나버렸다.

E씨가 여명기부터 줄곧 노력하여 최신 기술을 몸에 익혀 업무를 의뢰받는 입장인데도 불구하고, 고객들 사이에서는 실질적인 사업수립 책임자와 같은 존재가 되어버렸다.

금융회사의 사장에게 직접 금융계 인터넷 사업을 수립해달라는 의뢰를 받고, 30대에 연봉 2억 원의 IT 담당이사 CIO로 이직했다.

그런데 사장은 더 많이 벌기 위해 추가투자는 막으면서도 사업에서는 더 높은 목표를 요구해왔다. 하지만 인터넷 사업은 항상 서비스를 향상시켜야 하기 때문에 정기적인 추가투자가 불가피하다.

E씨는 사장과 계속해서 충돌했고 임원회에서도 고립되어갔다. 그래서 EC 사업에 대해 더 많이 이해하고 있는 경영자를 찾기 위해 이직을 결심했던 것이다.


'두 가지 직종을 조합' 한 전형적인 예로 '기술과 영업', '기술과 경영' 의 조합을 소개했다.

아울러, 최근에 자주 들려오는 미국과 일본의 차이점으로, '미국에는 기술과 경영의 양쪽 모두를 잘 이해하고 있는 경영자들이 많지만 일본에는 거의 없다. 학창시절부터 인문계와 이공계로 분리되어 있는 폐해다' 는 설도 있다.

미국의 IT 대기업을 창업한 대부분의 창업자들은 기술계열 명문대학을 졸업한 뒤에 바로 회사를 차렸지만, 경영학 석사(MBA)를 수료하는 등 경영에 대해서도 잘 알고 있다.

이 책을 읽고 있는 여러 기술자들 가운데는 '이공계' 출신이 많을 것이다. 일본에서는 기술자가 경영에 관한 이해를 갖고 있으면 그의 시장가격은 껑충 뛰어오르게 된다.

두 가지 직종을 조합하는 유형에서, 한쪽이 기술이 아니더라도 얼마든지 시장가격이 높은 조합이 존재한다.

'○○＋경영'이라고 하면 이른바 스태프 부문에 해당하는 직종은 기본적으로 모두 다 해당한다고 할 수 있다.

'경리＋경영', '인사＋경영', '광고＋경영', '법률＋경영'……, 한쪽이 경영이 아니라 순수 직종의 조합이라고 한다면 '영업＋마케팅', '영업＋상품기획', '생산관리＋경리', '물류＋마케팅' 따위가 있다.

당신이 지금까지 일해 온 직종은 몇 가지인가? 두 가지 이상이라면 그 가운데서 두 가지를 잘 조합하여 시장가격을 높일 수 있는 것은 무엇인가?

경험한 직종이 하나이거나 이제부터 커리어를 만들려고 하는 사람들은 지금의 직종 이외에 흥미로운 몇 가지 직종을 순서대로 나열해보길 바란다. 그것들을 조합하여 매력적인 시장이 내다보인다면, 부디 의식적으로 그 복수의 직종에 도전해보길 바란다.

## 유형 3  업종 전환

이 유형은 다른 업계로 이직할 때, 특정 직종이 갖고 있는 '특성'이 이직에 크게 도움이 되는 경우에 해당한다.

다른 업종으로 전환한다는 것은 일부를 제외하고 아직까지는 사회에 깊이 뿌려내려 있지 않다. 따라서 만약에 당신이 용기를 내어 다른 업종으로 이직하여 실적을 올리게 된다면, 단숨에 ○○업계 출신의 제1인자가 되는 것이다.

모두들 두 눈을 둥그렇게 뜨고 놀라고 있을 때, 당신은 또한 업계에 관한 것들도 익혀두지 않으면 안 된다. 업계의 상식을 잘 이해한 뒤, 그 다음 제안을 내놓아야 하기 때문이다.

업계 사람이라면 생각지도 못할 제안을 계속해서 내놓는 것이다. 그러면 다른 사람으로 교체될 수 없는 스페셜리스트가 탄생하는 것이다.

### 호텔에서 외국계 기업으로 – F씨(여자, 27세)의 경우

전문분야: 컴퓨터 사용자 지원
남에게 뒤지지 않는 능력: 일류 호텔의 그랜드 오픈을 통해 고객응대 현장
　의 제일선에서 쌓은 다년간의 서비스 대응 노하우
희망 근무형태: 정규사원

F씨는 대학 때부터 고객응대 아르바이트를 하면서 서비스

업이 자신의 천직임을 알았다.

취업활동을 할 때, 간사이에 새롭게 만들어진 테마파크의 오픈에 맞춰 건설하고 있던 대형 호텔의 신규채용자 제1기생 모집에 응모했다. 응모한 뒤 처음 몇 년 동안은 출장근무자가 업무를 지도해주었으나, 그 뒤로는 독자채용 정규사원에게 일임했다. 적성과 의욕을 인정받아 정규사원으로 내정된 뒤에도 F씨는 정식입사 전부터 그곳에서 아르바이트를 시작했다. 사원과 다름없이 오프닝 스태프로서 활약했으며, 그랜드 오픈을 하던 날의 긴장감은 아직도 잊혀지지 않는다고 한다.

4월을 맞아 정식 사원이 되었지만 동기생들보다 먼저 아르바이트로 일을 시작했기 때문에 업무에 더 능했으며, 이미 다른 사원들을 가르칠 수 있는 정도가 되었다. 프런트와 예약 업무를 담당했는데, 오픈한 지 불과 얼마 되지 않았기 때문에 문제도 많이 생겨 고객에게 머리를 숙여야 하는 날들도 많았다. 게다가 1주일에 며칠은 호텔에 묵으면서 근무해야만 하는 고된 시간들이었다. 입사한 지 얼마 안 된 동기들은 하나둘씩 직장을 떠나갔다.

F씨는 새로운 사원을 맞이하고 그들을 지도하면서, 과장이 교대로 자리를 비울 때는 그들의 업무까지 대행했다. F씨를 버티게 한 힘은 서비스업에 대한 마음가짐과 일류 호텔의 호텔리어라는 자긍심이었다.

순식간에 2년이라는 시간이 흘렀다. F씨의 호텔에는 외국

손님들도 많았기 때문에 영어를 사용할 기회도 자연스럽게 늘어났다. 예전부터 영어로 유창하게 말하는 것을 늘 동경했다. '더 공부하고 싶다. 그런데 지금 이 상태로 계속 일만 한다면, 아무리 시간이 지나도 공부하러 갈 수 없을 것이다.'

처음 아르바이트로 입사한 뒤부터 지금까지를 돌이켜보면서, '내가 가지고 있는 기술은 과연 무엇인가?' 하고 자신에게 반문했다. 그러면서 점점 더 영어를 제대로 공부하고 싶다는 생각이 더해갔다.

F씨는 주위 사람들의 아쉬움을 뒤로 한 채 회사를 떠났다. 우선은 파견사원으로 등록한 뒤, 영어학원을 다니기 시작했다.

의식적으로 영어를 사용하는 친구들을 사귀었고, 파견 기간의 틈을 이용하여 미국으로 어학연수를 떠났으며 토익도 치렀다.

영어에 어느 정도 자신이 생겨 미국계 기업의 정규직 사원에 지원하여 입사한 뒤, 영업 어시스턴트로 배치되었다.

처음에는 영어를 구사할 수 있는 직장이라는 사실에 만족했지만, 회화를 하는 상대는 주로 일본인 영업사원들이었다. 고객들로부터 꾸중도 듣고 또 그들이 기뻐하는 모습을 보면서, 직접적인 반응을 느낄 수 있었던 예전의 호텔 생활이 그리워졌다. 자신에게는 역시 서비스나 고객응대에 관련된 일이 적성에 맞는다는 것을 깨달았다.

때마침 사내의 고객 서비스 부문에서 부서 이동을 공모했는

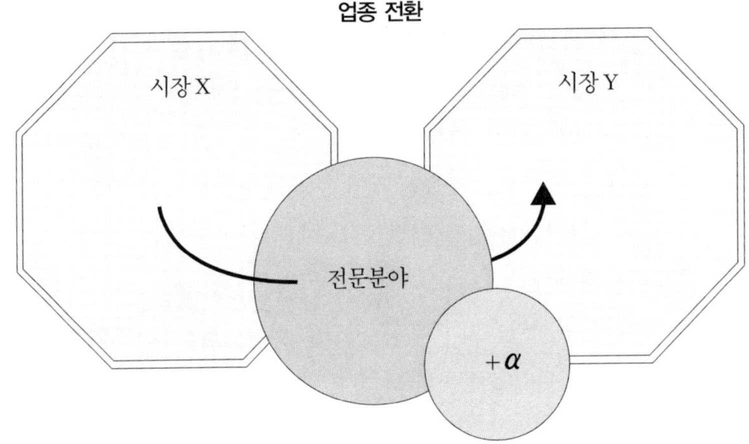

〈그림 2-3〉 스페셜리스트가 되는 방법(유형 3)



- 어떤 식종이 갖고 있는 '특성'이 다른 업계에서 크게 도움이 되는 경우가 있다.
- 업계를 뛰어넘은 직후에는 공부, 공부 또 공부. 이때의 포인트는 공부를 하더라도 절대로 업계에 완전히 물들지 말아야 한다는 것이다. 만일 물들어버리면 업계전환의 큰 가치를 잃어버린다.
- 다른 업종에서 뛰어들어 성공한 예는 최근에 경영자 수준에서 두드러진다. 성공의 비결은 역시 업계에 완전히 물들지 않는 것이다.


데, F씨는 주저 없이 응모했다. 면접에서는 과거의 커리어에 대한 질문과 더불어, 문의를 받는 상황을 설정한 전화응대 테스트도 있었지만 F씨는 자신만만했다. 일류 호텔의 프런트를 실질적으로 담당했기 때문에 너무나 당연한 일이었을 것이다. 부서 이동이 결정되었다.

F씨의 뛰어난 고객응대 기술은 부서 내에서도 높은 평가를 받았다. 고객 서비스 부문에는 IT업계에서 헬프데스크 등을 경험한 사람은 있었지만, 고객응대 기술을 본격적으로 배운 사람은 없었다.

F씨는 트레이너로서 직원들과 신입사원들을 가르치는 일을 담당했으며, 클레임과 트러블 대응 시의 매뉴얼도 작성했다.

직위가 높아지면서 미국 본사와의 창구 역할도 맡아 영어로 전화와 이메일을 일상적으로 주고받았다.

F씨는 '좀더 좋은 기회가 있으면 이직을 하고자' 내 사무실로 찾아왔지만, 나는 '특별한 불만이 없으면 지금 직장에서 좀더 위를 향해 나아가는 것이 좋겠다'고 조언했다. F씨는 납득하고 돌아갔다.

## IT 컨설턴트에서 유명 애널리스트로 – G씨(남자, 45세)의 경우

전문분야: IT기업 전문 애널리스트
남에게 뒤지지 않는 능력: 대기업 조사업체에서 IT업계 애널리스트로서의 실적과 컨설팅 회사에서의 사업전략, 마케팅에 대한 이해
희망 근무형태: 현재의 일을 지속하면서 업무를 위탁받는 형태

G씨는 IT업계 전문 애널리스트다. 대학 졸업 후 외국계 글로벌 컨설팅 회사에 입사했다. 문학과 출신이지만 시스템 관련 컨설턴트로 출발했다.

잠잘 여유도 없을 만큼 매일같이 공부하고 또 공부했다. 6개월이 지나자 최신 기술을 터득하여 어엿한 컨설턴트로서 대기업을 상대하고 있었다. 이것이 IT업계와의 첫 만남이었다.

그러나 점점 기술자라는 것이 자신의 적성과 맞지 않다는 것을 깨닫고 새로운 일을 찾기 시작했다. 그것이 바로 외국계 기업조사회사였다.

조사회사에서 약 10년을 보내면서 애널리스트에서 시니어 애널리스트가 되었다. 이때 외국계 증권회사로부터 제의가 들어왔다.

시대는 바야흐로 IT 전성기. 그들은 IT업계에 대한 G씨의 해박한 지식과 인맥이 절실히 필요했던 것이다.

적극적인 G씨는 재미있고 시간에 쫓기지 않는 일이라면 꼭 한 번 도전해보고 싶다고 나의 사무실로 찾아왔다.

위의 두 사람은 모두 적극적인 노력가들이다. 그리고 업계를 뛰어넘을 만한 용기를 가졌다. 업계를 뛰어넘은 직후에는 어려운 시간을 보냈지만 공부에 공부를 거듭했다. 이때의 포인트는 '공부를 하더라도, 절대 업계에 완전히 물들지 않는 것'이다.

다른 업종으로 뛰어들어 성공한 예는 최근에 경영자 수준에서 두드러지게 나타나고 있다. 성공의 비결은 역시 업계에 완전히 물들지 않는 것에 있다.

다른 업종으로 뛰어들 때는 상대방이 어떻게 받아들이느냐를 확인해두는 것이 필요하다.

다른 업종에서 이직한 사람들의 최악의 경우는 처음 들어간 순간에 다시 튕겨나오는 것이다.

이미 다른 업종에서 이직한 사람들이 많은 경우에는 당신을 받아들일 만한 충분한 체제가 그쪽에 갖추어져 있긴 하지만, 그 대신 당신의 가치는 반감될지도 모른다.

그렇게 되지 않으려면 플러스알파의 능력을 준비해두어야 한다. F씨의 경우에는 영어 능력, G씨의 경우에는 컨설턴트 회사에서의 경험과 더불어 엔지니어 경험자로서의 현장 차원의 감정과 논리적인 분석 능력이 바로 그것이다.

금방 생각이 떠오르지 않는다면, 우선은 당신이 경험한 직종들을 다른 말로 바꿔 말해보길 바란다.

'일류 호텔의 프런트 서비스 → 첫 고객들에게도 높은 수준으로 대응할 수 있는 응대 서비스' 와 같이 표현해보면, 새로운 세계가 보일지도 모른다.

# 유형 4  직종×'그 무언가'의 세그먼트

세그먼트(segment)의 경우는 여러 가지다. 지금 소개할 세 사람의 공통점도 바로 '그 무언가'에 시장성이 있는지 없는지, 기업 측의 요구가 있는지 없는지에 있다.

××에 강한 영업사원, ○○를 잘하는 광고사원, △△라는 업태의 노하우를 가진 인사부 사원, 이런 ××, ○○, △△가 바로 '그 무언가'에 해당하는 것이다. 수요가 있으면 이기고, 없으면 그저 한쪽으로 편향된 경험이 되어버릴 가능성도 있다. 응용범위와 수요를 끝까지 잘 지켜보는 것이 중요하다.

### 영업×외국계 식품회사 설립 – H씨(남자, 40세)의 경우

**전문분야:** 식품분야의 신규개척영업. 특히 외국계 기업의 일본법인 설립 또는 영업책임자

**남에게 뒤지지 않는 능력:** 폭넓은 식품분야에 정통한 영업력, 법인 설립 경험과 업계에서의 인맥, 영어 구사 능력

**희망 근무형태:** 업무위탁도 가능하며 고정급＋성과급 희망

H씨는 고등학교 때부터 영어에 뛰어났다. 오사카의 영어계열 전문학교를 졸업한 뒤, 우수한 어학 실력으로 대기업 상사에 취직했다.

제품 수출입에 관한 통관 등의 사무를 담당했는데, 영업담

당자가 부재중일 때 현지 거래처와 이야기를 주고받는 사이에 조금씩 업무 영역이 커져갔다.

"원래 사람들과 이야기를 주고받거나 영업적인 업무를 좋아했지만, 영업부 배치는 대졸자에게만 한정되어 있었다." 대기업일수록 영업직에는 대졸자밖에 배치되지 않는 것이 현실이다.

H씨는 본격적으로 영업직을 경험하고 싶어졌다. 당시에 일본 진출을 준비하고 있던 호주의 한 식육가공회사가 일본지사 설립에 앞서 영업담당자를 급히 모집하고 있다는 것을 알았다.

전문학교 졸업자가 손에 넣은 대기업 상사의 명함을 고수할 것인가, 영업직을 경험하기 위해 일본에서는 거의 이름도 알려지지 않은 기업으로 옮길 것인가? H씨는 망설임 없이 이직의 길을 택했다.

외국계 일본법인의 영업은 일본상사의 영업과는 입장이 정반대였다. 즉, 영업처가 외국이 아니라 일본기업이었다. 본국과 정보교환을 하면서 일본 내를 돌아다닌다. 내일도, 또 내일도 끊임없이 신규개척을 해야만 하는 하루하루를 보내야 했다.

H씨는 외국계 기업이 지닌 메리트와 함께 혹독함도 경험했다고 한다. 결과가 전부이며 실적을 내지 못하면 바로 해고당한다. 하지만 혹독함은 인간을 강하게 만드는 법이다.

다행히도 취급상품이 가격에 알맞은 품질이었고 관리도 철저했기 때문에, 한 번 써보기만 하면 그 가격대를 이해할 수 있는 품목이었다.

H씨는 첫인상의 호감과 성실함을 무기로 방문을 거듭했다. 그러자 영업 수치가 저절로 올라갔으며, 2년 만에 도쿄 지사의 영업책임자로 발탁되었다.

몇 년 뒤, 일본 진출을 고려하고 있던 미국의 과자회사 사장에게서 일본법인의 실질적인 설립 책임자를 맡아달라는 제의가 들어왔다.

세 번째 회사로 옮겼을 때 그는 아직 20대였다. H씨는 업계의 인맥에다 영업력과 마케팅, 그리고 경영적인 관점을 갖춘 장점을 살리면서 착실하게 실적을 쌓아나갔다.

3~4년이 지나자 과자 이름이 일본에서도 상당히 유명해졌고, 동시에 H씨의 마음속에는 성취감과 함께 하나의 임무를 완수한 것 같은 기분이 들었다.

네 번째는 헤드헌팅 회사를 통해 제의가 들어왔다. 역시 일본지사 설립에 관한 것이었는데 일본지사장을 맡아달라는 제의였다. 그곳은 수입 반찬을 취급하는 회사였다.

H씨가 유독 음식업체만을 희망한 것은 아니었지만, '이렇게 계속 동종업체만 이어지는 것도 왠지 인연이다'라고 긍정적으로 받아들였다.

다섯 번째, 여섯 번째, 일곱 번째도 역시 식품 관련 기업이었는데, 마찬가지로 일본지사 설립과 함께 책임자나 영업책임

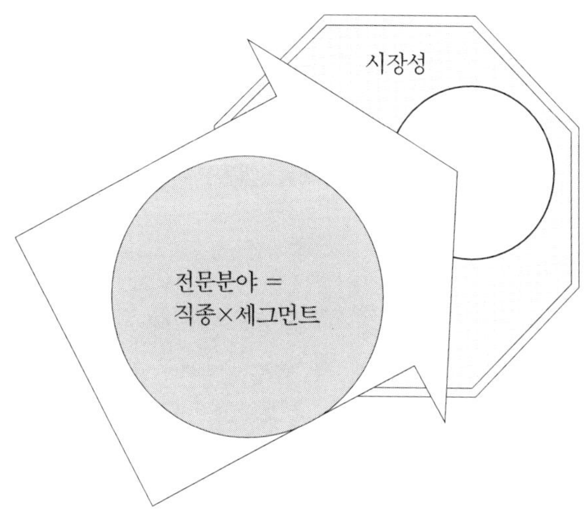

**〈그림 2-4〉 스페셜리스트가 되는 방법(유형 4)**

**직종× '그 무언가'의 세그먼트**

- '직종×그 무언가의 세그먼트'에서 '그 무언가'에 시장성이 있는지 없는지, 기업측의 요구가 있는지 없는지.
- ××에 강한 영업사원. ○○를 잘하는 광고사원. △△라는 업태의 노하우를 가진 인사부 사원. 이러한 ××, ○○, △△가 바로 '그 무언가'에 해당하는 것이다. 수요가 있으면 이기고, 없으면 그저 한쪽으로 치우친 경험이 되어버릴 가능성도 있다. 응용범위와 수요를 끝까지 잘 지켜보는 것이 중요하다.

자를 맡는 형태였다. 상품이 바뀔 때마다 새로운 기분이 들었고 처우도 나쁘지 않았다. 고정급에 성과급이 주어지는 조건에 익숙해져서 고정급만으로는 매력을 느끼지 못했다.

업무가 즐겁고 보람찼지만, 3~4년마다 회사를 바꾸면서 40

세를 맞이할 즈음에 H씨는 약간 불안해지기 시작했다. 누군가에게 상담을 받고 싶은 듯했다.

나의 대답은 이랬다. "H씨, 당신의 커리어는 훌륭합니다. 스페셜리스트, 아니 뉴 스페셜리스트라고 할 수 있는 커리어죠. 세상에는 당신의 능력을 더욱 더 필요로 하는 회사들이 있습니다. 65세까지 앞으로 일곱 회사 정도는 행복하게 맡아주시는 게 어떨까요?"

### 인지도가 낮은 기업의 광고 홍보 - I 씨(남자, 43세)의 경우

전문분야: 사회적 인지도가 낮은 업계 · 기업이나 사람들에게 어필하기 어려운 업계 · 기업을 세상에 알리는 광고 홍보

남에게 뒤지지 않는 능력: 다양한 업계의 회사를 유명하게 만들어낸 실적과 노하우, 매스컴 대응, IR(Investor Relation, 투자가용 광고)

희망 근무형태: 정규사원

I씨의 희망은 광고, 홍보, IR 관련 책임자다. 그리고 가능하면 사회적으로 인지도가 낮은 업계나 기업 또는 한 번 들어서 알기 어렵고, 설명하기 어려운 업계나 기업이면 더 좋다.

I씨는 인연이 닿아 미국회사에 입사했다. I씨에게 맡겨진 업무는 사장 보좌였다. 끊임없이 쏟아지는 잡무에 시달리던 어느 날, 선배로부터 어느 하나의 전문성을 갖추도록 노력하라는 조언을 들었다.

그 즈음에 회사는 일본에서도 주목을 받기 시작하고 있었

다. 매스컴에서도 사장에 대한 문의가 급증했는데 그 창구 역할을 I씨가 맡았다. 그때 독학으로 익힌 '공격의 광고'를 실천하여 사장으로부터 높은 평가를 받고 회사 광고 전체를 일임했다.

I씨는 자신이 해보고 싶은 전문분야를 발견한 것이다. 그리하여 광고 홍보에 더 많은 책임감을 갖고 일해보고 싶다는 뜻을 사장에게 전했고, 그 뜻을 인정받아 사장실과 광고 홍보실의 양쪽 업무를 보았다.

I씨가 '사회적으로 인지도가 낮은 업계나 기업 또는 한 번 들어서 알기 어렵고, 설명하기 어려운 업계나 기업'에 집착하게 된 것은 두 번째 회사에서의 경험이 계기가 되었다.

인재소개회사에 등록한 뒤에 소개받은 Z사는 급성장하고 있으면서도 일반 사람들에게는 전혀 이름이 알려지지 않은 회사였다. 그러나 I씨는 이미 고정된 회사의 이미지를 유지해나가는 것보다 앞으로 세상에 알리고, 처음부터 새롭게 이미지를 만들어나갈 수 있는 일이 단연코 매력적이라고 느꼈다.

입사하자마자 I씨는 곧장 매스컴 관계자들에게 인사하러 다녔다. 그들과 잘 어울려서 회사를 홍보할 수 있는 기회를 포착하는 것이 목표였다.

전술은 대성공이었다. I씨는 새로운 실적을 거두고 다음 단계를 향해 매진했다.

I씨는 여러 업계들을 내려다보면서, 이번에는 의욕적으로

'사회적으로 인지도가 낮은 업계나 기업 또는 한 번 들어서 알기 어렵고, 설명하기 어려운 업계나 기업'을 찾아보기로 했다.

부동산, 파칭코, 건강식품업계 등 돈은 잘 벌지만, 이미지가 안 좋은 업계 또는 대중에게 어필하기 어려운 업계로서는 I씨의 커리어가 참으로 탐나는 대상이었다. '예산과 처우를 준비해놓을 테니, 어떻게든 알아서 해줬으면 좋겠다'는 제의가 넘쳤다.

## 인사채용과 대리점의 시스템 구축 – J씨(남자, 35세)의 경우

> 전문분야: 생명보험 등의 대리점 영업형 기업의 채용 및 인사제도 구축
>
> 남에게 뒤지지 않는 능력: 외국계 기업의 채용인사 분야를 잇달아 개척해
>   낸 실적
>
> 희망 근무형태: 정규사원(언젠가는 독립을 희망한다)

J씨는 버블경제가 무너진 뒤에도 성장을 이어나간 인재파견 회사의 사장에게서 적극적인 성격을 인정받아 그 회사에 입사했다.

당시 인사채용이 성장을 쫓아가지 못해 인력부족으로 고전하고 있던 신규채용 부서에 배치되었다.

2년이 지나 신규채용 부서의 리더를 맡았고 중도채용과 인사 전반에도 관여했다.

그러나 회사의 실적이 갑자기 악화되어 직원의 3분의 1이 구조조정 대상이 되었는데, 그가 채용한 사람들마저 퇴출당하

기에 이르렀다. 따라서 그는 도의적으로도 그렇고, 사내의 분위기에도 견딜 수 없어 퇴사를 결심했다.

인사부문에서 축적한 그의 경험을 인정해준 곳은 일본에 진출한 외국계 생명보험회사였다. 채용담담 리더로서 예전보다 더 많은 직원들이 생겼으며, 단번에 연간 200명 이상의 채용목표를 도맡았다.

처우도 향상되었고 실적 연동부분은 컸지만 오히려 그것을 보람으로 여겼다.

회사는 J씨가 인사부문에 경험이 있다는 사실에 기대를 걸고 신규채용 시기가 지났을 때, 인사제도 개혁 프로젝트에 가담하도록 요구했다.

그 당시 회사는 업무위탁 계약을 한 사람들을 조직화하는 대리점 영업방식을 도입하려 하고 있었다.

J씨는 여러 차례 대리점 영업사원을 취재했으며, 다른 회사들의 기존 제도를 그대로 도입하지 않고 자사만의 독특한 고객 서비스를 시도했다.

현장의 목소리도 대체로 양호했고 회사로부터도 높은 평가를 받았다.

그러나 버블경제기 이후의 불황의 여파로 서서히 실적이 줄어들고 채용인원도 두 자리수로 내려갔으며, 심지어 사내에서의 활동 공간마저 사라졌다.

나는 J씨에게 이렇게 조언했다. "독립하는 것이 당신 적성에 맞을지 안 맞을지 모르겠지만, 당신이 외국계 생명보험사에서 경험한 대리점 영업의 조직과 인사제도에 관하여 정통한 사람을 원하는 수요는 상당히 많습니다.”

이 세 사람의 세그먼트 유형을 보면, H씨의 경우에는 영업×‘식품분야’, ‘신규개척’, 특히 ‘외국계 기업’ + ‘책임자도 될 수 있다’는 것이다. I씨는 광고 홍보×‘사회적으로 인지도가 낮거나 알기 어려운 업계나 기업’, 그리고 J씨는 인사채용×‘대리점 영업형 기업’, ‘새로운 제도 도입 경험’이었다.

이들의 공통점은 항상 자신이 정한 전문분야에서 전문성을 높이기 위해, 단 한 가지 일을 전문적으로 특화시켰을 뿐 아니라 주변 경험도 늘려나갔다는 것에 있다.

결과적으로 이 세 사람은 ‘무언가’에서 모든 것을 일임받은 만큼의 높은 전문성을 폭 넓고 깊게 획득하는 것에 성공한 것이다.

각각의 직종×‘그 무언가’의 시장성에 관해서는 감각적으로 의식하고 행동한 사람과 아직 의식하지 못하고 있는 사람이 있는 것이다. 이 세 사람도 30대 후반에서 40대이긴 하지만, 시장성을 의식한 커리어 형성이 가능하다면 이들보다 더 빠른 시간 안에 스페셜리스트나 뉴 스페셜리스트가 될 수 있으리라 생각한다.

# 유형 5 고용특화

이 유형은 유형 4 '직종×그 무언가의 세그먼트'의 고객판이라고 할 수 있는데, 이것을 분류별로 소개하도록 하겠다. 고객특화 유형이란 어느 특정한 고객의 특성에서 남에게 뒤지지 않는 부분을 만드는 것이다. 고객을 크게 나누면 우선 법인과 개인이 있지만, 유형 5의 고객특화 스페셜리스트는 고객을 더욱 세분화한 스페셜리스트다.

## 부유층을 겨냥한 영업 – K씨(남자, 36세)의 경우

전문분야: 부유층을 대상으로 한 영업
남에게 뒤지지 않는 능력: 부유층의 사고와 그들이 원하는 기호, 그리고 커뮤니케이션을 전제로 한 영업력
희망 근무형태: 정규사원

K씨는 대학을 졸업하고 고급 외제차를 판매하는 것으로 유명한 Y사에 입사했다. Y사가 취급한 차종 가운데서도 가장 비싼 브랜드의 영업 담당이었다. 영업처의 절반은 법인이었고 나머지 절반은 개인이었다. 개인인 경우는 회사 경영자나 의사, 변호사 등의 이른바 부자들뿐이었다.

'부유층이 차를 구입할 때 그들의 희망사항은 돈이 아니다. 예를 들면 남들과 차별화된 것을 원한다든지, 발매하자마자

곧장 차를 가져오길 바란다든지 등 어려운 요구들도 많다.'

K씨는 영업처인 법인이나 부유층의 기분을 '먼저 청취하는 것'을 실천하여 영업실적을 쌓아올렸다. 이윽고 대리를 거쳐 과장이 되면서 부하직원들도 많아지고, 전국적으로 높은 실적을 인정받아 표창장도 여러 번 받았다.

어느덧 15년이라는 세월이 흘렀다. 마흔을 앞두고, 퇴직한 많은 선배들이 그랬듯이 K씨도 역시 직접 중고 수입자동차 판매점을 경영하기 위해 독립을 결심했다.

하지만 불황의 파도에 휩쓸리고 자금회전에 난항을 겪으면서 과로로 말미암아 건강도 안 좋아져 휴업했다. 그 뒤 그는 꿈을 반으로 접고 다시 새 출발을 시작했다.

다른 수입차 판매회사로 이직한 동료로부터 영업기획 부문의 책임자로 와달라는 제의를 받아, 매우 적절한 시기에 이직을 하게 되었던 것이다. 잠도 잊고 식사시간도 쪼개가며 판촉기술과 전시회, 인터넷 관련 프로모션 기획 등을 계속해서 제안하고 멤버들과 함께 하나하나 실현시켜나갔다. 시책의 효과가 점점 나타나면서 반응이 느껴지자, 그것이 처우에도 반영되어 더 이상 바랄 게 없을 정도였다. 하지만 "하면 할수록 왠지 모를 부족함이 느껴졌다. 예전처럼 가슴이 벅차고 두근거리는 마음이 생기지 않았다"고 한다.

그는 전에 다니던 Y사와 크게 다른 점이 무엇인지를 금세 알아차렸다. 그것은 바로 '고객'이었다. 이직한 회사의 주요 고객층은 일반 회사원. 외제차를 한 번 타보고 싶어하는 사람들이 주류였다.

일본에서의 판매시장 점유율을 높이고 싶었기 때문에 영업의 주체는 당연히 신규 고객이었다. 고객이 바라는 것은 가격 인하와 일본차와의 세세한 기능 비교나 애프터서비스에 대한 불안 등이었다. 아직 브랜드의 영향력도 없었기 때문에 고객의 마음이 변하기 쉬웠으며, 자동차 교환 시기에 맞춘 영업활동도 효과를 거두지 못했다.

고객층이 다르다는 점은 어느 정도 각오하고 있었지만, 같은 수입차 판매인데도 이 정도까지 영업 스타일이 다를 줄은 몰랐다.

K씨는 전에 다니던 Y사에서 알고 지냈던 경영자들을 떠올렸다. 때론 부당한 요구도 있었지만, 그곳에는 사람과의 관계와 신뢰에서 오는 즐거움이나 소개받은 새 고객과의 만남이 있었다.

부유층을 상대로 한 영업 품목에는 집이나 별장은 물론, 부동산이나 그림, 골동품, 가구, 골프 회원권, 미국의 부호들이 선취한 풀장과 자가용 비행기, 부인들에게 한정된 보석과 장식품, 고급 내의, 어린이용 특별 교육 프로그램 등도 있을 것이다.

일본도 10억 원 중산층 시대는 이미 끝났고 세상은 빈부의 격차가 점점 더 진행되고 있기 때문에, 앞으로는 더욱 부자들

〈그림 2-5〉 스페셜리스트가 되는 방법(유형 5)

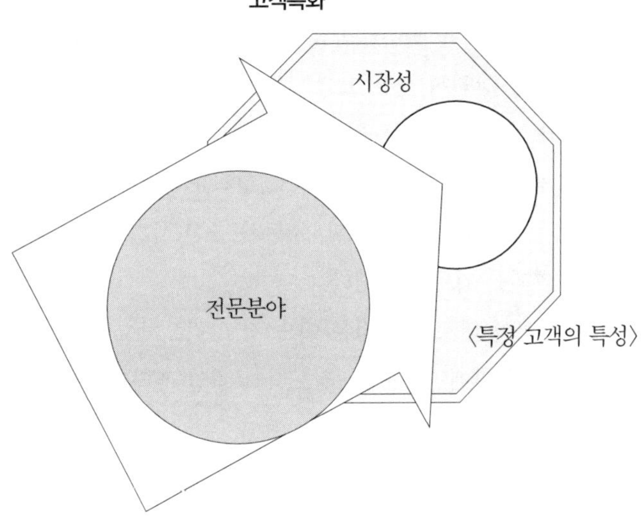

- '직종×그 무언가의 세그먼트'의 고객판이라고 할 수 있다. 고객특화 유형이란 어느 특정한 고객의 특성에 관해서 남보다 뛰어난 부분을 만드는 것이다.
- 그밖에도 여고생, 중·노년층, 노인, 어린이, 취미를 가진 중·노년층 등이 있다.

이 많아지리라는 것이 예측 가능하다. 부유층을 겨냥한 영업에 뛰어난 사람들에게는 시장이 점점 커져나갈 것이다.

유형 5 '고객특화'를 소개했다. 최근에 화제가 되고 있는 것은 중년층과 고령층이다. 다소 뚱뚱하고 건강이 염려되는 아저씨들을 대상으로 한 차茶가 폭발적으로 팔려나가고, 편의점의 도시락을 기획한 결과, 아저씨들뿐만 아니라 여사원들에게도 인기를 모아 순식간에 날개 돋친 듯 팔려나가기도 한다. 노인층 시장은 아직도 변함없이 개척의 여지가 남아 있으며, 어린이용 시장도 저출산화다 뭐다 하여 매상을 올리고 있는 기업들이 적지 않다.

중·노년층을 대상으로 한 잡지의 편집기자들은 지금 업체의 상품기획 담당자로 크게 환영받고 있지 않은가 말이다.

# 유형 6  멀티플레이어이면서도 스페셜리스트

## 전문분야나 자격증 없이도 – L씨(여자, 27세)의 경우

전문분야: 중소기업의 본부 스태프, 경영자 보좌역

남에게 뒤지지 않는 능력: 경영자의 기분을 파악하고, 본부 기능의 모든 업무를 처리할 수 있는 실무 능력과 융통성

희망 근무형태: 정규사원

"나는 사무 등의 여러 업무를 3년간 했을 뿐이다. 아무래도 경력이 짧고 이렇다 할 전문성도 갖추고 있지 않다. 그렇게 때문에 앞으로 공부해서 스페셜리스트가 되고 싶다."

L씨는 지방의 4년제 대학을 졸업한 뒤, 도쿄로 와서 한 중견 기업에 취직하여 연수를 거쳐 이사의 비서업무를 맡았다. L씨는 상사인 이사가 안심하고 기분 좋게 일할 수 있도록 늘 한 걸음 앞서 생각하고 행동하기 위해 노력했다.

1년이 지나자 상사로부터 사보 업무를 담당하라는 지시를 받는다. 중간에 회사 광고팀의 업무도 겸했다. 실무 수준의 상당량의 업무가 맡겨졌으며, 일하는 보람도 충분히 만끽했다고 한다.

그러던 중, 사장 직속 해외진출 프로젝트가 발족되어 사내에 설립 멤버를 모집한다는 공모가 붙었다. L씨는 그 공모에 과감히 응모하여 당당히 발탁되었다.

짧은 시간이었지만 광고 업무 경험을 인정받아 영업활동을 지원하는 판촉기획 업무를 맡았고, 또한 프로젝트 경리 업무도 겸했다. 다른 멤버들의 업무를 보조하면서 영업수치 관리, 영어로 현지 사업자와의 절충과 계약서 작성, 중도채용 등 폭넓은 지식을 얻을 수가 있었다. L씨는 너무나 바쁜 하루하루를 보내면서도 무척이나 행복했다고 한다.

그런데 지방에서 회사를 경영하던 아버지가 갑자기 쓰러지고 어머니도 병으로 입원하자, L씨는 주위의 아쉬움을 뒤로 한 채 사직서를 내야만 했다.

고향으로 돌아가서 아버지의 말대로 아버지가 경영하던 회사의 직원들과 상담을 하고 거래처를 돌아다녔다. 고군분투하며 잠시나마 열심히 뛰어봤지만 아버지는 결국 최종 폐업의 길을 택했다. 어머니도 퇴원하자 L씨는 다시 도쿄로 갈 결심을 했다.

희망하는 정규직 업무가 금방 찾아질 것 같지 않아서 파견사원으로 등록하고, 1년 동안 두 군데 회사에서 주로 영업사무와 비서업무를 보았다. L씨는 점점 초조해지기 시작했다. '어떻게 해서라도 전문분야를 만들어 스페셜리스트가 되고 싶다'고 생각했다.

1시간 정도 L씨의 이야기를 들은 뒤 나는 이렇게 말했다.

"당신은 이미 스페셜리스트입니다."

L씨는 놀라며 나를 쳐다보았다.

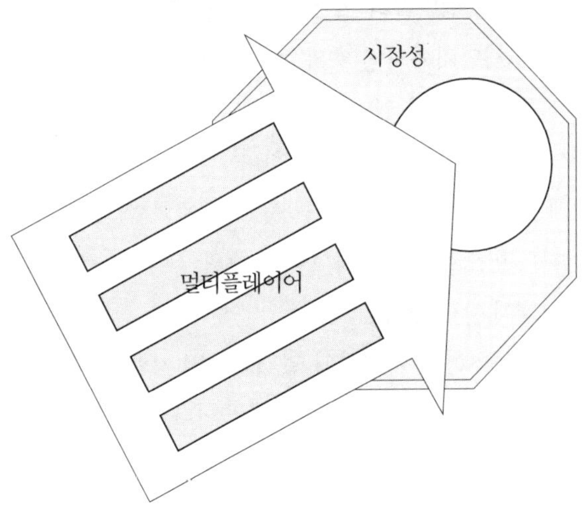

〈그림 2-6〉 스페셜리스트가 되는 방법(유형 6)

멀티플레이어이면서도 스페셜리스트

- 작은 조직에서는 뭐든지 해낼 수 있다는 것이 매우 중요하다.
- 멀티플레이어라고 해서 자신을 비하할 필요가 전혀 없다. 이러한 멀티플레이어를 필요로 하는 조직이 어디에 있을까 한번 생각해보길 바란다.

L씨는 본부에 관련된 업무를 거의 모두 처리해낼 수 있는 능력을 갖추고 있었다. 그리고 아버지를 도와 생생한 현장을 체험했기 때문에, 틀림없이 경영자의 마음을 이해하고 일할 수 있을 것이다. 창업주가 경영하는 중견 중소기업은 물론, 최근에 창업한 지 얼마 안 된 벤처기업에서 요구하는 귀중한 커리어다.

경영자에게 L씨는 가장 많은 매상을 올리는 영업사원보다 더 놓치고 싶지 않은 존재다. 실적이 오르지 않아 사원들의 구조조정이 진행되더라도 L씨가 회사를 떠나야 할 일은 절대 없을 것이다.

작은 조직에서는 뭐든지 처리해낼 수 있다는 것이 무척 중요하다. 스포츠 세계에서도 마찬가지다. 가장 우수한 팀에 뽑혀가는 사람은 '한 가지 재주에 뛰어난 사람'이 아니라, '한 가지 재주가 있으면서 또 여러 가지 재주가 가능한 사람'이다. 한 가지 재주밖에 없는 사람만 모아서는 세계에 내놓을 만한 팀을 만들 수 없을 것이다.

멀티플레이어라고 해서 자신을 비하할 필요가 전혀 없다. 이런 멀티플레이어가 필요한 조직이 어디에 있을까? 한번 상상해보길 바란다.

# 유형 7  취미활동과 접점

'취미를 직업으로 할 수 있으면 참 좋겠다' 든지 '취미는 그냥 취미이기 때문에 좋은 것이다' 는 말을 듣곤 한다.

예를 들면 자원봉사활동이라든지, 사회봉사활동, 지역활동 등의 취미활동을 하면서도, 회사일이 바쁘다보면 결국 사적인 취미활동을 제한할 수밖에 없게 된다. '차라리 이 길로 나서볼까' 하고 갈등하는 경우도 있을 수 있다.

지금 소개할 M씨도 처음에는 '자신이 정말 하고 싶은 일' 을 생업으로 삼지 않았지만, 시간이 지나면서 '역시 그 일을 하면서 살아야 행복하다' 는 것을 깨닫고 고민하기 시작했다.

### 소년야구 지도자 – M씨(남자, 35세)의 경우

전문분야: 지방 은행에서 인사채용 담당, 취미활동으로 소년야구팀 감독

남에게 뒤지지 않는 능력: 고등학교 때부터 20년 이상 해온 소년야구팀의 육성 및 팀 운영

희망 근무형태: 이직을 전제로 한 정규사원 희망

M씨는 대학을 졸업하고 지방의 한 은행에 취직했다. 그 은행에서 융자와 영업을 맡은 뒤, 인사부로 재배치되었다. 채용과 인사 전반을 담당한 지 8년째. 조직의 규모가 도시 은행들보다 작아서 전체를 한눈에 내려다보며 업무도 직접 맡아 했다.

다른 은행에 앞서 시간제나 파견직 사원의 적극적인 도입 등을 제안하고 실현했으며, 앞으로는 관리직에서 일해볼까 하는 상황이었지만, 해를 거듭하면서 '이대로 이 조직에서 내 일생을 마치는 것인가' 하는 생각이 들었다.

이력서 취미란에 '소년야구팀 감독을 20년 넘게 하고 있다'고 적힌 부분에 왠지 눈길이 가서 사정을 물어보았더니, M씨의 표정이 다른 사람이 된 듯이 환하게 밝아졌다.

감독을 시작한 것은 고등학교 때부터였다. 인연이 닿아서 지방의 한 초등학교 야구팀을 가르친 것이 처음이었다. 어렸을 때부터 야구를 계속했지만 마음처럼 잘 되지 않았다고 한다. 어린 마음에 감독님의 설명을 자신이 제대로 이해하지 못하고 있다고 느꼈다. 무슨 뜻인지를 이해하고 난 뒤에 '이런 식으로 설명해주었다면 더 좋았을텐데' 라고 생각한 적이 한두 번이 아니었다고 한다.

M씨는 아이들에게 자신과 같은 경험을 하지 않도록 지도 방법을 여러모로 연구해나갔다. 팀이 점점 강해지고 대회에서도 우승하는 등 매스컴에도 오르내렸다.

M씨는 대학에 진학한 뒤에도 주말마다, 그리고 여름방학에는 매일 그라운드에 섰고, 10대 소년야구팀 감독으로서 아는 사람은 다 아는 존재가 되었다.

대학을 졸업할 즈음, 주저 없이 초등학교 교사가 되어 야구 감독을 계속해야겠다고 결심하고 교사시험을 보았지만 떨어

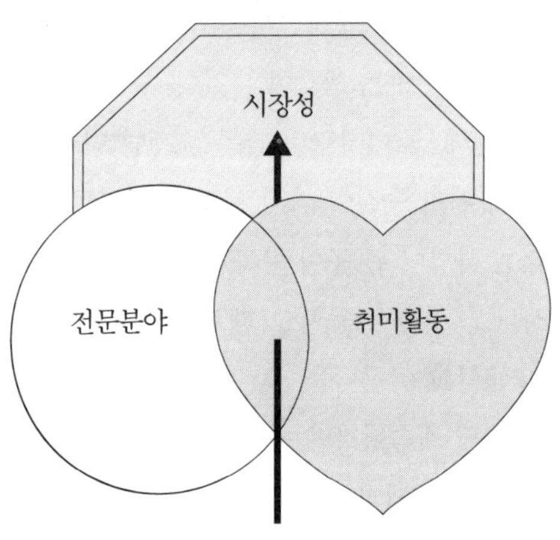

**〈그림 2-7〉 스페셜리스트가 되는 방법(유형 7)**

**취미활동과 접점**

- 처음에는 '취미나 자신이 정말 하고 싶은 일'을 생업으로 삼지 않았지만, 시간이 지날수록 역시 그것을 생업으로 하며 살아야겠다고 결심한 경우.
- 이상만으로는 먹고 살 수 없기 때문에 스페셜리스트를 고집하기 바란다. 시장이 요구하는 스페셜리스트나 뉴 스페셜리스트로서 충분히 활약하는 사람에게는 일정량 이상의 보수가 늘 마련되는 법이다.

지고 만다. 그래서 아는 사람의 소개로 지금의 직장을 다니게 된 것이다.

지금도 주말이 되면 그라운드에 나간다고 한다. 하지만 은행원에게는 긴 여름휴가가 없다. 큰 포부를 안고 전국을 겨냥할 만한 팀을 맡기도 어렵다. 몸이 하나인 것에 한계를 느끼고 있었다.

"정말 좋아하시는군요, 감독 말이에요." 이렇게 말하자, M
씨는 빙그레 웃는다. "그 일을 할 수 있는 방법이 정말로 없을
까요?" M씨는 이렇게 대답했다. "내가 정말로 소년야구 감독
을 좋아하는지에 대해, 오늘 이렇게 이야기를 나누면서 더 절
실하게 깨달았습니다. 좀더 진지하게 가능성을 타진해봐야겠
어요."

정말로 좋아서 자신이 있다면 소년야구 지도를 비즈니스로
만들어보는 것도 좋을지 모른다.

또한 지도하는 것은 교육 그 자체지만, 야구에 한하지 않고
교육자의 길을 선택한다면, 비교육계 출신의 이색적인 존재로
서 더 큰 기대를 모으게 될 수도 있다. 리크루트 출신이자 스
기나미구립 와다중학교 교장 후지와라 가즈히로藤原和博 씨처
럼 말이다.

## 커리어 카운슬링 – N씨(여자, 27세)의 경우

전문분야: 커리어 카운슬링
남에게 뒤지지 않는 능력: 아직 카운슬러라고 하기에는 미숙하지만 앞으로
　　계속 노력하고자 한다.
희망 근무형태: 정규사원

N씨는 대기업 파견회사에서 커리어 카운슬링을 담당했다.
파견회사의 카운슬러란 파견 계약사원으로, 거래처로 출근하

는 등록된 스태프들의 커리어 상담을 하는 직업이다.

영국에서 대학원까지 수료했는데, 교육심리학과 커리어 카운슬링이 전공이었다. 학창시절의 경험란에 '백혈병 아동교사' 라고 적혀 있어서 물어보았더니 대학교 체험수업으로 선택했다고 한다.

처음에는 무관심했던 아이들이 N씨가 던진 말에 조금씩 반응을 보이고, 굳었던 얼굴이 환하게 밝아지는 것을 보았을 때의 감동을 아직도 잊을 수 없다고 한다.

N씨는 대학원에 다니면서 현지의 일본법인에서 무역 업무를 보고, 졸업 후에도 같은 곳에서 정사원으로 계속 일했지만, 자신이 공부한 커리어 카운슬링 일을 하고 싶어 일본으로 돌아왔다. 지금의 파견회사가 N씨의 카운슬링 지식을 인정하여 계약직원으로 받아주었다는 것이다.

하루하루 배울 게 많고 자극이 되는 것도 풍부했지만, 금세 눈앞에 놓여진 커다란 벽을 느꼈다. 파견회사 측에서는 '영국에서 대학원을 나온 카운슬러가 있다' 며 N씨를 인재등록자를 늘리기 위한 광고 자료로밖에 여기지 않았기 때문이다.

나는 N씨에게 장차 어떤 커리어 카운슬러가 되고 싶은지 물어보았다. N씨의 입을 통해서 '사람들을 위한', '누군가를 행복하게 하는' 이라는 말들이 쏟아져나왔다.

N씨에게 나는 이렇게 조언했다. "당신은 민간이 아니라 공공기관에서 일해야 하는 사람입니다. 그 가능성을 진지하게

검토해보는 게 어떨까요? 당신이 오기를 기다리고 있는 어린 이들이 세상에 많이 있습니다."

취미나 자신이 하고 싶은 일을 생업으로 택할 것인지, 않을 것인지의 여부는 역시 자신이 결정해야 한다. 이상만으로는 먹고 살아갈 수 없다는 의견도 있을 것이다. 하지만 그렇기 때문에 스페셜리스트를 고집하라 권하고 싶다. 시장이 요구하는 스페셜리스트나 뉴 스페셜리스트로서 충분히 활약하는 사람에게는 일정량 이상의 보수가 늘 준비되는 법이다.

# 스페셜리스트가 되는 지름길은 '자신이 가장 잘하는 일'을 선택하는 것이다

제2장에서는 내가 지금까지 만난 사람들 가운데서 스페셜리스트와 뉴 스페셜리스트, 그리고 이제 막 그 길로 들어선 사람들을 7가지 유형으로 나누어 소개했다.

지금까지 쌓아온 당신의 커리어를 생각했을 때 가장 근접한 유형이 떠오르는가? 자신이 이미 스페셜리스트였다는 사실을 깨달은 사람도 있을 것이다. '이렇게 해석해도 되겠구나' 또는 '나는 이 유형에 딱 들어맞는다'고 여겨지는 것이 하나라도 있으면 되는 것이다.

자신의 전문분야를 여전히 모르겠다고 말하는 사람들에게는 두 가지 질문이 있다. '지금까지 당신이 한 일 가운데서 사람들이 가장 칭찬하거나 고마워한 일은 무엇이었나?' '지금까지 당신이 한 일 가운데서 가장 보람 있고 즐거웠던 일은 무엇인가?' 전자는 당신이 가장 잘하는 분야고 후자는 당신이 하고 싶은 일이다.

자신이 가장 잘하는 분야는 그것이 사소한 것이라도 상관없다. 처음부터 '나는 대단한 일을 해본 적이 없어서'라며 소극적으로 생각하지 말고 열심히 한번 찾아보기 바란다. 아무리 찾아봐도 모르겠으면 당신과 사이가 좋았던 동료들에게 물어보는 것도 좋은 방법이다. 하고 싶은 일은 그 당시와 지금이 다를지도 모른다. 다시 한 번 자신의 마음을 들여다보는 기회를 갖길 바란다.

이때 '자신이 가장 잘하는 일'과 '하고 싶은 일'이 일치하는 것이 가장 이상적이다. 스페셜리스트가 되는 지름길은 '자신이 가장 잘하는 일'을 선택하는 것이다. 양쪽의 일치점이 점점 커지면, 자신이 가장 잘하는 분야에서 일을 시작해보길 권한다.

내가 가장 잘하는 일이 내가 하고 싶은 일로 변하는 예는 세상에 아주 많다. 특히 스포츠 선수나 예술가 가운데는 그런 경우가 오히려 더 많지 않을까?

그러나 아무리 주위에서 칭찬해도 내가 하고 싶지 않은 일이라면 솔직히 즐겁지 않은 것도 사실이다. 두 가지가 전혀 일치하지 않는 경우에는 다시 한 번 하고 싶은 일에 도전해보는 것이 중요하다.

나이가 많아질수록 새 출발에 따르는 리스크를 느낄 것이다. 분야에 따라서는 체력적인 한계와 같이 피할 수 없는 리스크도 있다.

특별한 경우를 제외하면 리스크는 어디까지나 확률에 지나지 않는 것이다. 당신이 꿈꾸는 분야에서 당신보다 더 열악한 조건에 있는 사람이 성공한다면, 당신은 나도 할 수 있다는 용기를 얻게 될 것이다. 하지만 때는 이미 늦어버렸기 때문에 제1인자의 자리는 빼앗기고 만다.

성공한 사람들은 모든 것을 각오하고 새롭게 시작한다. 싫은 점이 있더라도 끝까지 참고 견디길 바란다. 당신이 하고 싶은 일이지 않은가!

뉴 스페셜리스트가 되는 것은 인생의 행복과 연결된다. 즉, 자신이 하고 싶은 일을 선택할 수 있으며, 일뿐만이 아니라 더 나은 처우를 받는 꿈까지 이루어진다. 그리고 뉴 스페셜리스트를 향한 첫 단계는 먼저 넓은 의미의 스페셜리스트가 되는 것, 즉 '남에게 뒤지지 않는다고 믿을 만한 전문분야를 정하는 것'임을 명심하기 바란다.

# 리크루트에서 배운 5가지 기술

Become a New Type of Specialist!

# 1
## 뉴 스페셜리스트 배출 기업

(주)리크루트라는 회사를 두고 '일본을 대표하는 인재배출 기업'이라고 하는 기사를 자주 본다.

사회에서 통용될 만한 기술을 가진 인재들이 계속해서 리크루트를 퇴직하고 세상 밖으로 나오고 있다. 그 수가 무척 많다는 의미인 것 같다. 즉, 뉴 스페셜리스트 배출 기업이라고 말할 수 있을 것이다.

실제로 각계에서 활약하다가 매스컴에 등장하여 유명해진 사람들도 적지 않다. 그리고 내가 알고 있는 사람들 가운데는 매스컴에 자주 나오지 않아도 크게 성공한 사람들도 많다.

제3장에서는 리크루트의 뉴 스페셜리스트 OB(Old Boy)들이 공통적으로 가지고 있는 5가지 기술을 소개하도록 하겠다.

아울러, 결국 나중에는 독립하겠다고 생각하고 있는 사람들을 위해서 뉴 스페셜리스트에게 필요한 5가지 기술과는 별도로, 독립에 필요한 3가지 기술에 대해서도 설명하도록 하겠다.

# 2
## '사원은 개인 점포주'다

리크루트에 다닐 때나 퇴직한 뒤에도 무슨 일이 있을 때마다 상담역을 해주고 있는 리크루트 워크스 연구소의 도요다 요시히로豊田義博 씨를 얼마 전에 만났을 때, '왜 리크루트 출신 가운데 뉴 스페셜리스트가 많은가'에 대해 이야기를 나누었다.

도요다씨에 따르면 "리크루트에는 뉴 스페셜리스트에게 최소 한도로 필요한 전문지식과 현장 수준의 과제해결 능력을 젊었을 때부터 갖고 있는 사람들이 많다. 왜냐하면, 영업을 예로 드는 것이 이해하기 쉬운데, 수주단가도 적당하고 혼자서 완수해낼 수 있는 일이 많을 뿐 아니라 그런 일들을 신입사원들에게 맡기기 때문은 아닐까?" 나는 고개를 끄덕였다.

내 나름대로 해석해보면 리크루트에서 '사원이란 개인 점포주'라는 뜻이 된다.

입사와 거의 동시에 적당한 크기의 업무가 맡겨진다. 처음 몇 번은 선배나 상사가 동행하지만 기본적으로 고객은 혼자서 담당하게 된다. 신입사원 자신이 고객의 유일한 창구며 책임자다. 신입사원인지 아닌지는 고객에게 전혀 고려대상이 아니다. 변명할 여지도 없고 피할 곳이 없는 상황에 홀연히 놓이게 된다.

월간지나 주간지의 광고 미디어를 다루는 경우도 있는데, 싫든 좋든 마감은 반드시 임박해온다. 궁지에 몰려 좌우 사방을 판가름할 수 없는 가운데, 어떻게든 해야만 하는 상황에 부닥치면 반드시 누군가에게 물어보아야만 한다. 무조건 '모르는 것은 누군가에게 물어본다.'

리크루트는 부서 이동이 잦고, 사업부가 다르면 별개 회사라는 말을 들을 정도로 사람들이 달라지고 일의 전문지식도 달라진다. 이동할 때마다 신입사원으로 되돌아가는 셈이다. 업무를 맡은 이상, 부끄러워할 여유가 없기 때문에 또 다시 '모르는 것은 누군가에게 물어봐야 된다.'

이렇게 하루하루를 반복하면서 여러 규모와 업종의 고객들을 대응해나가는 동안, 어지간한 일에는 놀라지도 않고 대처할 수 있는 대담함이 길러지고, 제 몫을 충분히 해나가는 구조가 만들어진다.

뉴 스페셜리스트 OB들의 지니고 있는 공통적인 기술들 가운데서 추출한 5가지 요소 모두가 '사원은 개인 점포주다'는 생각에 근거한 제도나 회사풍에 그 뿌리를 두고 있는 것 같다.

뉴 스페셜리스트가 갖고 있는 5가지 기술은 다음과 같다.


  1) 차별화
  2) 고객 맞춤 과제정리 능력
  3) 과제해결 경험
  4) 활력
  5) 인맥


아울러 독립이나 창업에 필요한 3가지 기술은 다음과 같다.


  1) 상사를 안다
  2) 영업력
  3) 돈 계산(숫자를 읽을 수 있다)


경영자로서 조직을 인솔하는 입장이 되면 리더십과 더불어 요구되는 기술은 이밖에도 많이 있을 것이다. 위의 세 가지는 독립이나 창업할 때 가장 먼저 요구되는 최소한의 기술이라고 생각하기 바란다.

*3*

# 뉴 스페셜리스트가 되기 위한 5가지 기술

## 1) 차별화

**발상을 전환하면 가치가 발생한다**

'남에게 뒤지지 않는 전문분야×시장성'에서 자신의 전문분야를 정하고 의식적으로 노력해나가는 것이 '차별화' 기술의 첫 걸음이다.

리크루트에서 신입사원의 부서를 배치할 때 중심은 영업직이다. 하지만 처음부터 계속적인 거래가 이어지는 고객은 담당할 수 없고, 신규개척이나 거래가 있다가 중간에 끊어진 고객이 중심 대상이 된다.

게다가 입사하자마자 개인 목표수치가 주어져 서로가 목표달성률을 놓고 경쟁하게 된다. 스스로 그 목표를 달성하고자 움직이지 않으면 어느 누구도 도와주는 일이 없다.

신규개척인 경우에는 원래 수요가 없는 고객이나 예전에 거래하다가 불만이 생긴 사례가 적지 않기 때문에, 전화나 방문을 해도 계속해서 거절당하기 일쑤다.

같은 일을 계속 반복하는 동안 뭔가를 궁리해내지 않으면 상황을 타개할 수 없다는 것을 깨닫게 된다. 그렇지만 획기적인 방법 같은 것은 있을 수 없다. 조그마한 아이디어가 차별화의 첫 걸음이며, 개인 점포주로서 자신의 제안이 가치가 있다는 것을 상대방에게 전달할 수 있는 아이디어를 모색하게 된다.

사내에서는 선·후배 상관없이 영업을 하고 있는 모든 사람들이 라이벌이다. 한 사람, 한 사람이 자신의 특성을 내세워서 고객층을 공략해나간다.

신입사원에게 처음부터 잘하는 분야는 없다. 다른 누군가가 해내지 못할 것 같은 주제를 정해서 끊임없이 발로 뛰어야 한다. 벤처기업을 전문적으로 공략한다면 어쨌든 한 회사의 실적을 올릴 수 있다.

그 첫 번째 회사를 사례로 두 번째, 세 번째로 점점 '횡적 전개'를 펼쳐나간다. 세 번째 회사까지 성공한다면 약간의 허세가 가세하여 "나는 벤처기업 전문이며, 이 분야에서는 내가 사내에서도 제1인자다"고 어필한다.

벤처의 수요를 전부 거두어들인다면 분명히 회사 전체에서 단연 최고의 매출과 최고의 달성률을 올릴 수 있으리라 생각하지만, 만약 벤처기업을 모조리 다 섭렵했다고 해보자. 그렇다면 그 다음에는 어떻게 해야 할까?

나라면 벤처기업용 서비스를 통해 얻은 노하우를 다른 부문에도 응용할 것이다. 먼저 이렇게 말부터 바꿔보겠다. "나는 일본에서 지금 가장 빨리 성장하고 있는 회사의 비밀을 많이 알고 있다."

요점은 차별화의 포인트를 어떻게 포착할 것인가다. '벤처기업이 전문이다'에서 끝날 것인가, '지금 일본에서 가장 성공하고 있는 기업이 전문이다'라고 다시 파악할 것인가? 재빠르게 차별화를 발견하는 방법은 '발상을 전환하여 지금 있는 것의 가치를 전환하는 것'이다.

리크루트 사내의 같은 직종끼리는 동료이자 라이벌이다. 영업으로 말하면 매상과 달성률을 공개해서 매일매일 경쟁을 벌이고, 성과주의가 진보된 인사제도에 따라 입사 후부터 급여와 승진에서 차이가 벌어진다.

원래는 수치 일변도였지만 지난 10년 정도부터는 숫자 플러스 알파로 개혁, 즉 새로운 노력인지 아닌지를 평가받았다. '새로움 = 남이 하지 않은 것 = 차별화'의 등식이 성립하는 것이다.


## 자신의 가치를 높이는 노력을 한다

회사 밖에서 보이는 이미지와는 달리 리크루트 사원들 모두가 독립이나 창업을 전제로 입사하는 것은 아니다. 하지만 누구나 '정년이 될 때까지 이 회사에서 남아 있지는 않을 것이다. 언젠가는 그만둘 것이다'는 생각은 하고 있다.

사내에는 임원을 포함하여 50세를 넘긴 사람들이 거의 없다. 성과주의를 더욱 부추긴다는 의미에서 조기퇴직제도를 단계적으로 폐지하기로 정했음에도 불구하고 30대에 두 단계에 걸쳐 마련되어 있기 때문에, 회사 밖에서 알몸이 된 자신의 모습을 무의식적으로 상상하는 버릇이 생긴다.

한편, 자사가 직접 관리하는 고수익률 사업들을 보면 '타사와 차별화되어 부가가치가 높은 것들이 돈이 된다. 가격도 깎아내리기 어렵다'는 사실을 알 수 있다. 그래서 평소부터 나의 부가가치를 높이고, 남과는 다른 능력을 길러두어야 한다는 것을 의식한다.

이렇게 보면, 리크루트에는 회사 밖에서의 가치와 차별화를 의식하게 만드는 환경은 분명히 존재하지만, 하나하나가 아주 뚜렷하게 차별화되었음을 의식하게 만드는 것은 없는 것 같았다. 진정한 의미의 차별화를 의식하는 때는 역시 독립을 눈앞에 둔 시점이다.

리크루트라고 해도 그때까지는 작은 연못 속에 불과하다. 싸울 상대도 뻔히 눈에 보이고, 회사의 규정 속에서 게임에 가까운 감각으로 차별화 훈련을 되풀이하는 상태라고 할까.

리크루트의 뉴 스페셜리스트 OB가 리크루트에서 배운 '차별화' 기술은 다음의 4가지다.

- 계속해서 쌓은 작은 차별화를 성과로 연결시킨다.
- 발상만 전환해도 차별화되고 가치가 발생한다.
- 차별화되고 부가가치가 높으면 돈이 된다.
- 늘 자신의 제공 가치를 향상시키는 노력을 멈추지 않는다.

### 2) 고객 맞춤 과제정리 능력

**경영자를 만나 과제의 본질을 찾는다**

고객 맞춤 과제정리 능력이란 고객의 과제를 귀로 듣고 끌어내어 정리·분석하고 제시하는 능력이다.

고객의 과제를 파악하는 것은 간단한 일이 아니다. 고객의 과제를 안다는 것은 과제를 거슬러 올라가서 경영 과제를 이해하는 것이다. 경영 과제가 아니라면 경영자는 큰 예산을 쓰지 않는다.

인사채용으로 말하면 창구에서 가장 처음 고객을 만나는 사람은 입사한 지 얼마 되지 않아 아직 직책도 정해지지 않은 인사채용 담당자일지도 모른다.

당신이 채용광고를 취급하는 영업사원이라고 해보자. 그는 당신에게 "사장님은 내년도에 올해보다 두 배로 대학 졸업자들을 채용하고 싶어한다. 그래서 당신을 부른 것이다"고 말한다.

그는 경쟁회사들도 이미 다 불러모아서 광고 미디어로서 타사와 차별화된 점과 가격, 그리고 가격인하 대응에 관해 묻기 시작할 것이다.

이때 "감사합니다" 하며 정식 상품기획서를 제출한다면 당신은 평범한 영업사원이 되어버리고 만다.

채용이라고 하는 비교적 알기 쉬운 과제에서조차 사장과 2인자인 임원의 인식이 다른 경우가 있다. 사장과 간부의 인식 차이에 대해서는 나도 여러 번 경험했다.

인사와 채용에 관한 것은 결국 경영자에게 묻지 않으면 그 진정한 의도를 알 수가 없다. 경영자조차 알지 못하는 경우도 있을 정도다.

내가 왜 이렇게 생각하는가 하면 리크루트라는 회사가 '경영자에게 접근' 할 것을 장려했기 때문이다. 항상 결재자에게 다가간다고 하는 에너지와 의식이 작용하고 있었다.

내가 입사했을 즈음에는 신입사원이더라도 사장에게 접근하라고 배웠다. 상대 회사의 규모는 상관없다. 거의 100% 문전박대를 당한다. 그러나 모두들 아이디어를 짜내고 시행착오를 거듭한 결과, 경영자를 만나는 데 성공했다.

진실에 다가가지 않으면 과제의 본질에 다가설 수 없다. 최고에 더 가까운 사람에게 물어보아야 한다. 이것이 과제정리기술의 첫 번째 요소다.

경영자의 관점에서 과제를 바라본다

진실에 다가가도 이 사실을 이해하지 못하면 의미가 없다. 내가 리크루트에서 배운 두 번째 기술은 '경영자의 관점에서 바라본다', '경영자의 입장에서 생각한다' 는 것이다. 이것을 몸에 익히게 된 이유는 발탁되어 6개월 동안 참가한 사내 연구생이라는 특별한 자리가 있었기 때문이다.

가장 빠른 지름길은 자신도 경영자가 되어보는 것이지만 현실적이지 못하다. 그렇다면 리크루트 사원들이 보통 어떻게 경영자의 진심을 이해할 수 있는가 하면, 그것은 바로 상사와 선배, 그리고 동료들에게 상담을 하는 것이다. 유사한 경영자의 고민을 들은 적이 있는 사람에게 물어보면 '과제는 틀림없이 이것일 것이다' 라고 가르쳐준다. 내 주변의 많은 경험들을 이용하는 것이다.

최고에 가까운 사람들을 많이 만남으로써 그들의 공통된 고민을 이해하고 타사에서 그 경험들을 살려나갈 수 있다. 모두들 이렇게 하고 있기 때문에 주위에 '사례'들이 널려 있다. 동종 업계나 규모, 고민 등과 같이 공통점이 많은 사례들이 더 유리하다.

만약 어느 업계에서 둘째 가는 기업에 대해 알고 싶으면 그 기업에 가서 직접 물어보는 것은 물론이거니와 동종 업계의 1위와 3위, 그 이하의 기업들을 담당하는 리크루트 사내의 사람들, 그리고 비슷한 업계 구조에서 두 번째에 해당하는 기업의 담당자에게 물어보는 것이다. 그렇게 하면 과제가 더 입체적으로 드러나게 된다.

**주변에 해결 사례가 있는지 살핀다**

과제를 발견했다면 그 다음에는 그것을 정리하고 원인을 생각하는 단계다. 이때도 역시 주위의 힘을 빌릴 수 있다. 같은 과제를 가진 기업의 담당자에게 어떻게 정리하고 분석했는지 물어보아야 한다.

리크루트의 경우에는 입사해서 바로 과제를 정리해야 하는 상황과 맞닥뜨리게 된다. 신입사원은 하는 수 없이 주위의 모든 사람들에게 돌아다니면서 물어본다. 이리하여 '모르는 것은 사람들에게 물어본다', '주변에 사례가 없는지 찾아본다'는 자세를 날마다 키워나가게 된다.

영업 매니저도 멤버들과 상담을 할 때 먼저 '사례를 찾아라'고 말하는 것이 습관이다.

단, 이 방법을 베테랑이 돼서도 계속 한다면 스스로 생각하는 힘이 길러지지 않고, 새로운 가치를 창출해낼 수 없는 사람이 되어버린다. 뭐든지 물어보는 문화의 폐해인 셈이다.

과제정리에 관해 스스로 생각하는 방법은 고객이 안고 있는 문제에 대해서 '왜'라는 의문을 계속 되풀이하여 결론으로 나온 것들끼리의 관계를 정리해보는 것이다. 이것이 바로 로직 트리(logic tree)라는 방법이다. 제5장에서 자세히 설명하도록 하겠다.

리크루트의 뉴 스페셜리스트 OB가 리크루트에서 배운 '고객 맞춤 과제정리 능력'은 다음과 같이 5가지다.


- 최고에 더 가까운 사람을 만나서 진실·본질에 다가간다.
- 가능한 한 경영자의 마음에 접근한다.
- 모르는 것이 있으면 아는 사람에게 묻든지, 아는 사람이 누군지 알 것 같은 사람에게 물어본다.
- 비슷한 사례가 없는지를 찾아본다.
- 사례에 의존하지 말고 스스로 고객을 상상하면서 사고하는 버릇을 기른다.


### 3) 과제해결 경험

**많은 경험을 쌓는 것이 기본**

리크루트의 과제해결 경험의 기본은 많은 경험을 쌓는 것이다. 얼마나 많이, 그리고 얼마나 많은 경우에서 과제해결을 경험했는지와 얼마나 많은 사람들과 함께 해결했는지다.

과제정리와는 달리 해결방법은 각양각색이다. 따라서 사례를 응용하면서 개별적인 방법을 생각해나가게 된다. 직접 체험해보면, X사에서 잘 통했던 방법이 Y사에는 잘 통하지 않는 이유를 실감할 수 있다.

리크루트의 경우, 클라이언트 1개사마다의 업무 크기가 적당하고 담당 클라이언트도 많기 때문에 수많은 사례를 체험할 수 있다.

그래도 자기 혼자만으로는 한계가 있기 때문에, 사내에 비슷한 경우를 담당한 경험이 있는 사람에게 이것저것 꼬치꼬치 물어보는 가상체험을 통해 거의 실제에 가까운 체험을 해나간다.

한편, 아무리 응용 사례들을 모아도 클라이언트 측의 상황을 이해하지 못한다면 적용할 방법이 없다. 앞의 2)에서의 정리한 과제에서 눈을 떼지 않으면서 해결 수준에서 더욱 더 필요한 정보를 수집하는 새로운 활동을 펼쳐나가야 한다.

리크루트의 광고 미디어를 담당하는 영업사원들은 원고를 작성하는 제자사원의 취재에 자주 동행한다. 그 목적의 하나는 현장을 아는 데 있다. 해결책이 현장에 딱 들어맞는지, 새로운 해결책에 힌트가 될 만한 것이 있는지를 찾으러 가는 것이다.

취재는 현장의 목소리를 꼼꼼히 들을 수 있는 소중한 기회다. 열심히 정보를 수집하는 영업사원은 광고의 원고 작성 없이도 클라이언트에게 취재를 부탁하곤 한다. 또한 의뢰했을 때, 경영자의 반응이 소극적인지, 적극적인지에 따라서 기대 수준이 어느 정도인지도 알아낼 수 있다.

현장이 움직이고, 성과로 이어지는 제안을 한다

현장의 목소리를 듣고 취재하는 것은 차후에 제안할 때도 도움이 되는 경우가 많다. 현장에서 일하는 사람들은 매일 무엇을 보고, 무엇을 소중하게 생각할까? 그들은 개선책이라는 사실을 알고 있으면서도 그것을 받아들이기 귀찮아한다. 금방 효과가 보이지 않으면 지속되지 않는 경우도 있다.

현장이 움직이지 않는 한, 아무리 좋은 해결책이라 해도 그림의 떡이다. 최종적으로는 성과로도 이어지지 않고 고객만족으로도 이어지지 않는다.

별개의 컨설팅이 아니라 상품화된 소프트웨어 등을 제안하는 경우에도 뉴 스페셜리스트인 이상, 해결수준까지 지원할 필요가 있다.

상품을 팔거나 끼워 넣는 것만으로는 최종 성과로 이어질 수 없다. 뉴 스페셜리스트로서 성취감 있는 일, 감사받고 충분한 보수를 얻을 수 있는 일을 하려면 과제해결로까지 이끌 수 있는 것이 필수적이다.


스태프의 능력을 이끌어내는 기획

리크루트의 경우, 외부 직원과 조를 이루는 것, 이른바 외주화가 과제해결을 실행하는 기본이다. 기획, 편집, 크리에이터, 코디네이터, 엔지니어……, 이들을 통솔하여 각 클라이언트의 프로젝트를 추진한다.

신입사원의 경우, 발주를 받을 때까지는 괜찮지만 그 다음은 혼자서 아무것도 할 수가 없다. 선배는 조언을 해주지만 자신의 클라이언트도 있기 때문에 옆에서 계속 지켜봐줄 수가 없다.

이때 의지가 되는 것이 외부 스태프다. 외부 스태프들 가운데는 오랫동안 사업부와 관계를 맺고 있거나 사업부가 창립했을 때부터 도와주고 있는 사람들이 있다. 사업을 사랑하고 수준 높은 시각을 가진 사람들이다. 그들은 리크루트의 신입사원 교육을 맡아서 해주고 있다.

선배들은 "외부 스태프 ○○ 씨와 함께 일해보면 좋다"든지, "일하는 체계가 잡혀 있질 않군. 자네와는 한 조가 될 수 없겠어"라며 계속해서 사랑의 매를 댄다.

신입사원 시절에 많은 신세를 졌거나 밤이면 밤마다 함께 있어준 스태프와는 언제까지나 소중한 네트워크를 형성해나갈 수 있다.

처음 한 조가 된 스태프와는 서로를 잘 몰라서 당황한다. 하지만 나중에는 '책임자로서 반드시 어떻게든 하지 않으면 안 된다' 는 긴장감 속에서 외부 직원과 함께 프로젝트를 짜고 일하는 것을 배워나간다.

혼자서 할 수 있는 일이란 제한되어 있다. 좋은 스태프와 한 조가 되어 기획할 수 있다면 혼자서 하는 것보다 몇 배나 더 좋은 일을 해낼 수 있다. 자신의 기획력에 따라서 프로젝트의 성과가 크게 달라진다는 것도 알게 될 것이다.

베테랑이 되면 '이 클라이언트의 이 과제라면 저 스태프와 한 조가 되는 것이 좋겠다'고 조합하면서 여러 가지 프로젝트를 동시에 기획할 수 있게 된다.

리크루트에서는 신입사원 시절부터 프로젝트마다 외부 스태프를 선정하여 한 조가 되어 리더와 프로듀서로서 과제를 해결해나가는 경험을 되풀이한다.

리크루트의 뉴 스페셜리스트 OB가 리크루트에서 배운 '과제해결 경험'에 관한 4가지 기술은 다음과 같다.

- 사례가 그대로 들어맞지 않는다는 것을 전제로, 더 많은 과제해결 사례를 다른 사람들과 함께 경험하는 것 = 많은 경험을 한다.
- 과제정리에서 모은 것들을 전제로 필요한 정보를 새롭게 수집한다.
- 현장이 움직이고, 성과로 이어지는 제안을 한다.
- 자신의 기획에 따라 프로젝트의 성과가 크게 달라진다.

## 4) 활력

클라이언트의 힘이 되고 싶은 순수한 마음

'리크루트 OB의 뉴 스페셜리스트들은 리크루트에 입사하기 전부터 활력이 넘쳤던 건 아닐까' 라는 목소리도 있다. 신입사원에게 활력을 느끼는 사람이 많은 것도 사실이다. 그리고 그런 사람들을 선호하여 채용하는 경우도 있다.

하지만 여기서 말하는 '활력' 이란 '일이 주어진 이상 반드시 어떻게든 해낸다. 120%의 성과를 목표로 한다' 는 자세를 말하는 것이다.

'클라이언트에게 힘이 되어주고 싶다. 뭔가를 해주고 싶다' 는 순수한 마음, '이 회사를 어떻게든 도와주고 싶다' 는 마음을 얼마나 강하게 갖고 있으며, 해결하기 위해 노력할 수 있는가? 리크루트에서는 고객의 창구 역할을 하는 영업사원이 클라이언트를 위해 울기도 하고 안타까워하는 모습을 자주 보게 된다.

담당자인 내가 고객의 유일한 창구이자 책임자다. 문제가 조금씩 보이기 시작하면 원인이 무엇일까 하고 점점 클라이언트에 관해서 알고 싶어진다. 현장취재 등을 거듭하는 동안 순식간에 명함이 수북해진다. 그러면 고객의 과제가 점점 남 일처럼 여겨지지 않는다.

채용의 경우, 현장 사람들로부터 "사람이 더 많으면 일이 더 잘 될 텐데"라든지 "요새 신입사원들은 힘이 너무 없어"라는 속마음을 듣게 된다. 그리고 경영자로부터는 "몇 년 뒤에는 회사를 이렇게 바꾸고 싶은데, 이런 사람이 필요할 것 같다"는 희망사항을 접하게 된다. 여러 사람들의 마음을 받아서 회사

118

로 돌아온다.

혼자서는 해결할 수 없기 때문에 사내나 외부 스태프들에게 협력을 구한다. 현장을 직접 보지 않은 스태프에게 고객의 어려운 상황을 제대로 잘 전달할 수 없는 답답함도 있다. 하지만 말하고 있는 사이에 반드시 자신이 어떻게든 해야 되겠다는 생각이 들게 된다.

그런 마음이 담당한 클라이언트 모두에게서 똑같이 강하게 생겨나지는 않지만, 자신이 소중하게 여기는 고객을 위해서라면 밤을 새워서라도 기획서를 쓰고자 하는 마음이 드는 것이다.

클라이언트를 지원하고 싶은 순수한 마음과 자신이 도와줘서 잘 되었다는 칭찬을 듣고 싶은 마음, 좀더 나아가서는 매상이 올라서 리크루트에도 공헌하여 표창을 받을지도 모른다는 마음에서 끝까지 해내고 말겠다는 활력이 길러진다.


**과제해결을 위한 긍정적인 발상**

그 회사 사람도 아닌 내가 잠도 안 자고 이렇게 열심히 일하는데 그 클라이언트 회사 안에는 나에게 비협조적인 사람도 있다. 예를 들면, 좋은 사람을 채용하자고 제안해도 인사부장이 일하기 싫어서 그 제안을 상부에 올리지 않는 경우도 있다.

이럴 때 필요한 것이 바로 마음을 꾹 누르고 긍정적인 발상을 하는 것이다.

과제는 명확하고 해결방법도 보이기 시작했다. "인사부장이 할 마음이 없어서 일이 진행되지 않는다"고 해봤자 일이 해결되는 것도 아니고 누가 도와주는 것도 아니다. 목적은 과제를 해결하는 것이고, 부장과 싸워서 그를 쫓아낼 수도 없는 노릇이다. 목적인 과제해결을 향해 항상 긍정적으로 발상함으로써 다른 전기를 맞이해나가자. 리크루트의 뉴 스페셜리스트 OB가 리크루트에서 배운 '활력'에 관한 3가지 기술은 다음과 같다.

- 고객의 책임자로서 고객을 더 잘 이해하고, 고객의 일을 남 일처럼 여기지 않는다.
- 일을 맡은 이상 반드시 어떻게든 해낸다. 120%의 성과를 목표로 한다.
- 과제해결을 위해 항상 긍정적으로 발상한다.

## 5) 인맥

리크루트의 뉴 스페셜리스트 OB의 인맥 형성 기술에는 크게 4가지 루트가 있다.

- 리크루트 출신자와 동기들의 유대관계
- 외부 스태프
- 클라이언트, 고객처

- 일이나 취미활동을 통한 개인적 인맥

## 리크루트 출신자와 동기들의 유대관계

다양한 업계에서 최고의 정보를 보유하고 있는 리크루트에
는 제철에 맞는 신선한 정보들로 넘쳐난다. 나는 지금도 리크
루트에 자주 문의를 하는데, "리크루트 OB인데요"라고 전화
하면 친절하게 대해준다. 리크루트 OB를 소중히 여기는 배경
에는 자사의 비즈니스를 주변에서 지지하고 있는 OB들이 많
기 때문이다. OB들끼리의 관계도 아주 끈끈하고, OB 대부분
이 가입하여 정보를 교환하는 홈페이지도 여러 개 있다.

이런 관계를 유지하는 이유는 리크루트라는 회사를 좋아하
고, 예전에 함께 일했다는 공동체의식이 있기 때문이다. 퇴직
후에 독립한 사람이 많은 것도 하나의 이유일 것이다. 회사에
다닐 때와 마찬가지로 부족한 부분을 서로 채우는 것이다. 공
통된 문화에서 함께 일해왔다는 것은 매우 가치 있는 일이다.
상대방의 한마디 말을 통해서 그 사람이 무엇을 말하려는지
알 수 있고 서로가 이해할 수 있다. 커뮤니케이션의 속도와 깊
이가 남다른 것이다.

나의 경우에는 직업상 사내의 많은 사람들과 알고 지낸 편
이라고 생각한다. 지금은 예전만큼 리크루트 내의 부서 이동
이 많지 않아 인맥을 형성하는 혜택도 줄어들었다.

따라서 이제는 사내 인맥을 만들 수 있는지 여부가 자신의

노력 여하에 달린 셈이다. 업무를 보다가 모르는 것이 생기면 안면이 없어도 물어볼 수 있어야 한다. 그 사람을 모르면 아는 사람을 소개받고, 다른 사업부에서 일하는 사람에게도 물어봐야 한다. 그리고 자신의 부서 스터디 강사로 초청도 한다. 과감히 부서 이동을 신청하여 사내 인맥을 넓히는 등 방법은 얼마든지 있다.

그리고 입사동기는 회사를 다닐 때나 회사를 떠났을 때나 늘 특별한 존재지만, 회사를 떠난 뒤에는 서로가 외부 사람이다. 상대방이 나보다 나이가 어리고 후배냐에 상관없이 비즈니스 자리에서는 서로에게 실례가 되지 않게끔 해야 한다.

### 외부 스태프

리크루트에서는 외부 직원 없이 일이 시작되지 않는다. 일을 통해 능력을 키워주거나 함께 클라이언트에 대응했던 사람들과의 네트워크는 퇴직한 뒤에도 계속 이어진다. 기획력에 탁월한 스태프나 실무 능력이 뛰어난 스태프는 과제해결의 파트너로서 소중한 존재다.

### 클라이언트, 고객처

리크루트에서는 옛날부터 접대라는 것을 별로 하지 않는다. 그렇다면 현장에서 어떻게 인맥을 쌓아갈까? 당연한 일이지만 첫 번째는 업무에서의 신뢰 관계다.

그 다음으로는 각 클라이언트들을 연결하는 것이다. 이것은 은행의 영업사원들이 자주 사용하는 방법이다. 중간에서 소개자 역할을 함으로써 더 다각적인 관계를 형성해나가는 것이 핵심이다.

세 번째는 자주 방문하고 정기적으로 찾아가는 것이다. 방문의 절반은 영업활동이다.

일의 규모도 적당하고 담당자가 직접 업무를 맡기 때문에, 간부급 인사나 때로는 경영자와 직접 이야기하게 된다. 직위가 더 높은 사람들을 만나면 만날수록 횡적인 관계도 커진다. 자연스럽게 클라이언트 인맥이 넓어진다.

자사가 발주처가 되는 거래처, 예를 들면 잡지나 팜플렛을 만드는 경우, 인쇄회사의 사람들과는 외부 스태프의 한 사람으로 관계를 맺는다. 과제해결을 위해 협력해주는 파트너인 셈이다.

회사를 다니는 동안 '우리가 일을 맡기는 입장이니까, 이쪽에서 시키는 대로 해라' 는 식으로 발주한다면 자신이 막상 독립하거나 창업했을 때, 일을 의뢰해줄 회사를 찾느라 고전하게 될 것이다.

독립이라고 하면 고객 측 인맥에만 눈이 가는 경향이 있지만, 발주처의 신용도 그에 못지않게 중요하다. 비즈니스로서 좋은 관계를 맺고 있는지, 아닌지를 나타내는 기준이다.

## 일이나 취미활동을 통한 개인적 인맥

취미활동을 통해 인맥을 만드는 것은 개인차가 가장 큰 부분이 아닐까 여겨진다. 리크루트 사원 중에서도 인맥을 아주 잘 만드는 사람이 있는 반면, 잘 만들지 못하는 사람도 있다.

리크루트의 뉴 스페셜리스트 OB 중에도 인맥 형성에 개인차가 있는 듯하다. 차이가 있다고는 해도 뭔가 곤란한 일이 생기면 "이것은 누구에게 물어보면 될까?" 하고 말할 수 있을 정도의 인맥은 다들 가지고 있다.

인맥 형성에 능통한 사람을 바로 가까이에서 보고 자극을 받거나 그런 사람들이 많은 사내 환경 속에서 일하다보니, 일정 수준 이상의 인맥 형성이 무의식적으로 만들어지는 것이 아닐까.

# 4

## 독립과 창업에 필요한 3가지 기술

이 세 가지 기술은 독립이나 창업에 최소 한도로 필요한 것들이다.

경영자로서 조직을 이끌려면 리더십을 비롯한 많은 기술들이 필요하다.

리크루트 출신자 가운데 독립이나 창업을 한 사람들이 많은 것에 대해 원래 그런 뜻을 품은 사람들이 입사했기 때문이 아닐까 하는 목소리도 있다.

그러나 이번에 취재한 OB들은 모두 독립과 창업을 했지만, 리크루트 입사 당시부터 독립을 결정한 사람은 단 한 명도 없었다. 내가 독립 같은 것을 할 수 있을까 하고 불안해하면서도, 한 걸음씩 천천히 내딛었던 것이다.

## 1) 장사를 안다

**장사를 거듭하면 큰 사업이 된다**

나는 장사가 무엇인지도 모르고 독립했다가 반년도 가지 못한 것을 실감한 사람이다. 리크루트 OB들은 장사에 다소 감각이 있기 때문에 독립을 감행한다고 말할 수도 있다. 회사원이고 샐러리맨이기 때문에 실제로 점포 경영 그 자체는 하지 않지만, 업무나 매일같이 이어지는 상사와의 대화, 회사의 요구 등을 통해 장사를 모의 체험할 수 있는 구조 속에서 생활하고 있다.

리크루트는 비즈니스로 발상하고 장사로 영업해온 회사다. 신규사업을 잇달아 일으킬 때마다 무無에서 새롭게 시장을 개척해왔다. 신규개척의 현장에서 고생한 경험이 많은 사람일수록, 비즈니스가 아니라 장사라는 말을 주로 사용한다. 나도 그랬지만, 회사에 다닐 때 신규사업 수립에 관여하는 많은 사원들에게서 장사를 시작하는 데 필요한 것들을 배운다.

즉, 자사의 강점을 살린 장사 체제 구축, 고객 개척, 시장 예측과 매상, 이익계획, 인원계획, 채용교육, 고정비용과 유동비용, 자금과 현금 유통, 입출금, 투자 시기, 회수, 매상과 이익의 변동요인 예측 리스크 등을 배운다. 단, 원금자금과 신용은 회사가 마련해준다.

모기업에 안정된 수익이 있고 규모도 있기 때문에 안심하고 이런 모의 체험이 가능한 것은 독립을 꿈꾸는 사람에게는 축복받은 환경이 아닐 수 없다.

### 2) 영업력

**영업의 기본은 커뮤니케이션 능력**

여기서 말하고자 하는 것은 기본적인 영업력이다. 리크루트의 신기한 점은 영업 이외의 제작이나 편집, 기술, 그리고 본부 직원들에게 영업을 시키면, 나름대로 잘해내거나 상당히 좋은 실적을 거두는 사람들이 많다는 사실이다.

영업에는 커뮤니케이션 능력이 중요하다고들 하는데, 리크루트 사내에서는 "결론이 뭐야?", "결론부터 말해"라는 식의 대화가 자주 오간다. 상사나 직원들과의 일상적인 대화에서도 더 짧은 시간 안에 어떻게 자신의 의사를 전달할지가 요구된다.

또한 나중에 서로 잘못 이해한 부분이 없도록 "정리하면 이 세 가지가 문제인 거지", "목적은 이거지"라며, 알기 쉽게 정리하여 상대방에게 확인하는 작업도 되풀이한다.

사내에서의 대화나 발표회를 통해 발언과 발표를 끊임없이 요구받고 더 알기 쉽고 편리하게 전달하는 사람이 늘 칭찬을 받는다. 프레젠테이션을 하는 방법에 이상할 정도로 정열을 쏟는 것도 리크루트의 전통이다.

이런 일상적인 훈련을 통해 영업에 필요한 기본적인 커뮤니케이션 능력이 길러지는 것이다. 영업과 그 밖의 조직들이 가깝게 연결되어 있다는 것도 커뮤니케이션과 깊은 관련이 있는 것 같다. 사보나 회의 장소에서 고객과의 대화나 성공과 실패의 체험들을 서로 공유한다.

또한 리크루트는 인사에서 영업으로, 영업에서 인사로 부서를 이동하는 것도 드문 일이 아니다. 본부 직원 가운데 영업 출신자나 경영연수 경험자가 많은 것도 영업에 대한 의식이 높은 이유일 것이다.

영업으로 독립하는 사람은 영업력 그 자체를 무기로 하는 연수나 영업 컨설팅을 하지 않는 이상, 따로 내세울 만한 것을 준비하지 않으면 안 된다. 그러나 제작이나 편집, 회계나 인사라면 시장에 내다 팔 무기를 이미 가지고 있는 것이다. 리크루트에서 영업 이외의 것을 경험한 경력자가 비교적 쉽게 독립할 수 있는 이유가 바로 여기에 있다고 본다.

### 3) 돈 계산(숫자를 읽을 수 있다)

**독립채산제로 숫자를 생생하게 실감한다**

아이템이 좋으면 매상은 저절로 오른다거나 숫자만을 좇아서는 절대 안 된다고들 한다. 하지만 돈 계산을 못한 채로 독립하면 자신도 모르게 적자를 내는 경우도 있다.

변천은 있어 왔지만 리크루트는 과별로 독립채산제를 취하고 있다. 그리고 소속과의 매상, 회계, 원가, 이익, 사업부의 달성률과 거래 상황의 수치를 매주마다 상사에게 질문받는다.

1년에 몇 번씩은 다른 사업부와 매상과 이익을 비교하며 사업 예측 등도 공유한다. 해당 사업부가 회사에 대해서 얼마만큼 이익을 내고 있는지, 시장점유율이 몇 번째인지 등의 분석을 통해 전체 회사 가운데서 자신들의 존재도 의식하게 된다.

과장 승진도 빠르고, 과장이 되면 이번에는 자신이 직원들에게 숫자를 이야기하지 않으면 안 되는 상황이 되며, P/L(손익계산서)도 과장이 직접 작성하여 승인을 얻고 관리하는 책임을 맡게 된다. 6개월마다의 수치가 과장 자신의 처우와 평가의 기본 데이터가 되는 것이다.

영업이라면 자신의 매상 목표와 오늘 시점에서의 매상이 얼마인지를 매일매일 공유한다. 따라서 원가는 얼마고 개인이 얼마의 이익을 내어 회사에 공헌했는지를 알 수 있으며, 회사에 공헌하고 있는지, 돈을 갉아먹고 있는지도 알 수 있다.

개인목표는 달성했어도 과목표가 달성되지 않았다면, 남은 얼마를 며칠 내로 팔아야 하는지, 그러기 위해서는 자신이 무엇을 해야 하는지, 달성을 위해서 자신의 업무 범위 안에서 할 수 있는 것은 무엇인지를 생각하며 전원이 행동하는 것이다.

숫자를 생생하게 실감하지 못하는 경영 이외의 스태프들조차도, 받고 있는 급료 이상으로 회사에 공헌하고 있다고 느끼지 못한다면 왠지 꺼림칙한 기분이 들게 된다.

직접적으로 매상을 내지 못하는 본부 직원들이 경비에 대한 의식 정도가 높고 신규사업 수립이 빠른 이유 가운데 하나가 바로 여기에 있지 않을까 생각한다.

## 제4장

# 리크루트 OB의 뉴 스페셜리스트를 향한 길

*Become a New Type of Specialist!*

## 뉴 스페셜리스트의 제공 가치에 대한 2가지 방향성

내가 알고 있는 리크루트 OB들 가운데 '이 사람은 뉴 스페셜리스트다'고 여겨지는 사람들을 분석해본 결과, 크게 2가지 방향에서 다른 회사나 다른 사람들과 차별화되어 클라이언트의 과제해결을 담당하고 있음을 알았다. 〈그림 4-1〉을 보기 바란다.

세로축은 서비스의 수직방향에서의 차별화로, 더 위쪽의 사업목적과 경영에 직결된 부분까지 커버하는 동시에 아래쪽인 실무도 지원하면서 클라이언트의 과제해결 전체를 담당하는 방식이다. 커버 범위가 넓기 때문에 대기업에 대응하려면 여러 부문의 프로젝트 멤버가 필요하다. 따라서 혼자서 활동하

<그림 4-1> 뉴 스페셜리스트의 영역 설정

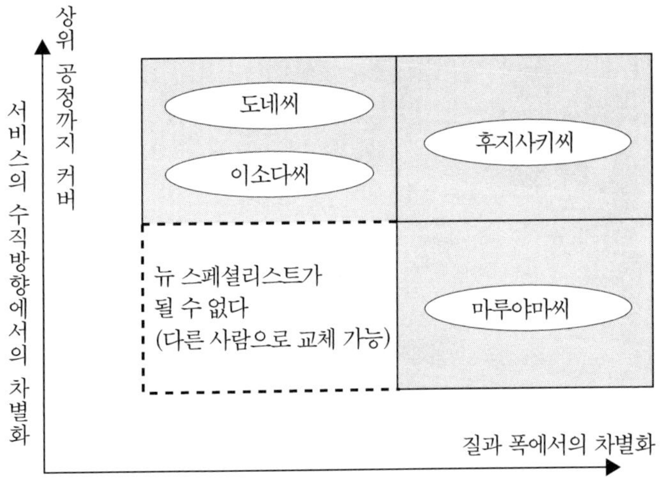


는 사람은 중견 중소기업을 주요 고객으로 삼고 있는 경우가 많은 듯하다.

뒤에 소개할 (주)북디자인의 대표 도네 고지刀根幸二 씨는 편집 프로덕션으로서의 실무 능력을 갖추고 있으면서 미디어 능력도 쌓음으로써, 클라이언트를 성공으로 이끌었다는 점에서 차별화되어 있다. 따라서 세로축 왼쪽 위에 해당한다.

같은 영역의 (주)마케팅 위저드의 대표 이소다 아키코礒田明子 씨도 마케팅 플래너이면서 더 위쪽의 사업기획에서부터 영업전술, 업무유통 개선까지 폭 넓게 지원하고 있다.

가로축은 서비스의 수평방향에서의 차별화다. 클라이언트의 경영 과제 자체를 해결하는 것이 본업이며, 업계가 실현하지 못한 부분에 초점을 맞추거나 종전과는 다른 방법으로 과제를 해결해나가는 방식이다.

가로축 오른쪽 아래 영역에 나타난 (주)크라이스 앤드 컴퍼니의 대표 마루야마 다카히로丸山貴宏 씨는 인재소개업계의 오랜 과제인 컨설팅의 질을 철저하게 고집하여 등록 희망자 한 사람, 한 사람과 꼼꼼하게 대면하는 커리어 컨설팅을 실현하고, 클라이언트의 경영 과제에 대응하고 있다.

오른쪽 위의 영역은 수직과 수평방향 양쪽 모두에서의 차별화다. (주)지역활성 플래닝의 대표 후지사키 신이치藤崎愼一 씨의 방식이 여기에 해당한다고 여겨진다.

후지사키씨가 담당하는 지역활성화 비즈니스는 기존의 이벤트 개최 프로모션 부분이나 테마파크와 같은 것에만 해당하는 지역진흥이 아니다. 더욱 더 활성화시키고 싶지만 잘 진척되지 않는 과제에 맞서 지역을 주체로 지역관청과 민간기업도 함께 계속적인 시책을 벌이고 있다. 경쟁기업은 없으며 소문을 통해 의뢰가 점점 들어온다고 한다.

어떤 방향성을 취하더라도 업계 안에서 차별화를 이루지 못하는 경우에는 왼쪽 아래의 영역에 해당하는데, 당연히 비슷비슷한 많은 경쟁들이 존재한다. 클라이언트의 과제해결을 맡고 있어도 차별화되어 있지 않기 때문에 뉴 스페셜리스트라고는 부르지 않는다.

## 리크루트의 노하우를 살릴 수 있는 분야가 많다

리크루트 OB들 가운데는 왼쪽 아래 영역에 있으면서, 고객이 지지하고 비즈니스로도 성공한 사람들이 많이 있다.

특히 채용과 조직활성화 분야는 시장의 규모도 크고 옛날부터 리크루트의 전통 분야이기 때문에, OB라는 사실만으로도 시장가격이 높고 그다지 차별화를 의식하지 않아도 헤쳐나갈 수 있는 부분들이 있다. 리크루트 본체와 경쟁관계가 되는 경우도 많이 있지만, 중견 중소기업만이 갖고 있는 대응력을 잘 살린다면 지지해주는 고객들은 존재한다.

그밖에도 대학과 전문학교의 진학시장, 주택정보, 여행정보, 결혼정보 등, 최고의 정보지를 만들어낸 업계에서는 리크루트 출신이라는 배경과 리크루트에서 얻은 노하우를 충분히 살릴 수 있다.

이번에 소개하고자 하는 네 사람은 마쓰나가 마리松永眞理 씨나 후지와라 가즈히로藤原和博 씨와 같이 이미 매스컴의 총아가 된 유명한 OB들이 아니라, 독자들에게 먼저 친숙하게 다가간 사람이다.

## 도네 고지(刀根幸二, (주)북디자인 대표이사)

(주)북디자인

설립: 2001년

직원수: 약 20명

사업 내용: 종이 · 웹미디어 개발 · 기획 · 편집 · 제작. 특히 편집 · 제작 실무뿐 아니라 사업개발, 컨셉트 제작까지 비즈니스로서 전부를 위탁할 수 있는 점이 특징. 실적으로는 ①창간, 리뉴얼 등 신미디어(종이 · 웹) 개발 기획, ②메일매거진, FAX매거진 개발 · 기획 · 제작, ③일반기사 · 광고 · 팜플렛 제작, ④웹사이트 기획 · 운영, ⑤웹 · CD-Rom 광고 제작, ⑥책 편집 제작, ⑦웹 등의 서비스 개발 등.

프로필

1986년 (주)리크루트 입사. 채용 · 독립지원 및 웹 · PC 관련 편집 · 제작 및 사업기획 · 편집장 등을 역임하고 2001년 퇴사, (주)북디자인 설립

전문분야: 미디어 개발 프로듀서 겸 디렉터

남에게 뒤지지 않는 분야: 시장과 독자의 수요를 파악한 '비즈니스로 성공하는 미디어 제작'

### 비즈니스로 성공하는 미디어 제작

도네씨는 리크루트에 입사한 뒤, 리크루트 북 등의 채용광고를 담당하는 HR 사업부에서 5년 넘게 제작 디렉터로 일했고, 그 뒤로도 10년 동안 줄곧 편집 분야를 담당했으며 2001년에 독립했다.

현재 경영하고 있는 (주)북디자인의 사업 특징은 편집 프로

덕션으로서의 실무 능력을 갖추고 있으면서 클라이언트의 미디어 파워를 증강하는 데 깊이 관여하고, 비즈니스를 성공으로 이끄는 프로세스 전반에도 관여하고 있다는 점이다.

"편집 프로덕션으로서의 기능도 있지만, 우리 회사의 특기는 비즈니스 제안이다"고 도네씨는 말한다. 예를 들면, 편의점 유통망을 갖고 있는 회사나 핸드폰회사 등에 "이런 고객층을 대상으로 이런 미디어를 활용하면 성공한다"고 제안하는 것이다.

독자와 연결되는 하드웨어는 있지만, 콘텐츠 편집에는 능하지 않은 회사들은 비즈니스로 성공할 것을 기대하면서 그에게 사업 자체를 완전히 맡기고 있다.

리크루트의 편집 특징은 영업 부문과 일체가 되어 '비즈니스로 성공할 것을 목표로 한다'는 점에 있다. 독자의 변화를 내다보고 리뉴얼을 시작하는 것은 일반 잡지와 똑같지만, 부수가 대폭 감소한 경우에는 철수를 포함한 판단이 요구된다.

도네씨는 미디어 개발 프로듀서이자 회사의 대표로, 편집 제작물을 최종적으로 책임지는 디렉터다. 시장과 독자의 수요를 파악한 '비즈니스로 성공하는 미디어 제작' 능력은 리크루트에서 부편집장·편집장을 맡았던 경험과 20대 신규채용 광고를 제작하는 디렉터를 경험한 것이 아주 큰 도움이 되었다고 한다.

## '논리적 사고력'과 '프레젠테이션 능력'이 무기

무엇이 도네씨의 뉴 스페셜리스트로서의 능력을 받쳐주고 있는지에 대해 묻자 "나의 경쟁 우위성은 '논리적 사고력'과 '프레젠테이션 능력'이라고 생각한다"고 말한다.

"예를 들면, 나는 디자이너가 가져온 레이아웃에 대해서 전부 설명해보라고 합니다. 제목이 왜 이 위치에 있는지, 로고의 크기는 왜 이런지, 왜 이 서체로 이 자간과 이 행간을 맞췄는지, 왜 이 비주얼인지, 왜 이 색깔인지, 모든 설명을 요구합니다."

논리적인 사고로 정확하게 설명할 수 있다는 것은 프레젠테이션 능력의 전제 조건이라고 한다. 그 중요성을 절실히 느꼈던 것은 신규채용 광고의 제작 디렉터로서의 경험 때문이었다.

"말로 설명할 수 없는 것은 결국 좋고 싫음에 관한 느낌과 운이 맞는 것뿐입니다. 그래서 광고의 효과가 올라간다면 그것은 우연이겠죠. 이렇기 때문에 이렇게 된다는 식으로 계속 진행해나가면서 상대방을 납득시키지 않으면 기획은 통과되지 않고, 효과로도 이어지지 않습니다."

"절대적인 권위를 가진 디자이너 가운데는 '파랑이라고 하면 파랑이다'고 말하면서 아무런 설명도 없이 설득해버리는 사람도 있지만, 그것은 그 사람의 성공 실적 위에 성립된 확률론입니다. 만일 도저히 설명할 수 없다고 한다면 우리는 시작하지 않습니다. 제어가 불가능하고 걱정이 앞서 비즈니스가 되질 않기 때문이죠. 나는 말로 설명할 수 없는 것은 거의 없다고 믿고 있습니다만, 이것이 편집에서도 마찬가지라는 것을 나중에서야 깨달았습니다."

우연히 어린 시절의 이야기를 했을 때 "나는 영혼 같은 것은 친한 친구가 말해도 믿지 않았습니다. '그게 뭐야, 플라즈마를 말하는 거야?' 라고 되묻곤 했죠." 논리적 사고의 대가大家의 원점을 본 것 같았다. 원점은 그 사람의 인생 안에 있다. 취재 도중에 도네씨는 '생산효율', '생산성' 이라는 단어를 여러 번 사용했다. 비즈니스로 성공하려면 당연한 말이지만, 편집과 제작 분야에서는 자주 들을 수 없는 단어다.

이 말을 강하게 의식하게 된 계기는 리크루트에서 잡지를 창간할 때의 경험 때문이었다. 제작 일손이 부족하고 무경험자가 많은 가운데서 창간해야만 했다. 비즈니스로 조기에 독립하기 위해 쓸 수 있는 예산은 한정되어 있다. 적은 인원으로 어떻게 효율적으로 좋은 물건을 만들어낼 수 있을까? 결론으로 나온 것이 바로 포맷화라는 방법이었다.

잡지 속 제목의 위치와 문자의 형식, 연락처 등의 공통 요소를 넣을 장소를 정하여 '규정' 으로서 매뉴얼화한다. 콘텐츠 자체는 페이지에 따라 다르기 때문에 포맷의 변화를 어떻게 할 것인가, 사진 위치는 고정화시킬 것인가, 어느 정도로 자유롭게 할 것인가 등이 핵심이다.

변화가 너무 많으면 복잡해져서 신입사원들이 혼란스러워

하고, 돈도 많이 들며 손도 많이 간다. 또 변화가 너무 적으면 기사 내용이 아무리 좋아도 독자들에게는 단조롭게 비친다. 이런 것에 대한 균형이 바로 노하우다. 포맷은 도네씨가 말하는 논리적 사고를 이용하여 노하우를 형태화시킨 것이라도 할 수 있다.

"정보지의 경우는 특히 그렇지만, 기본적으로는 포맷을 통일하는 것이 독자들도 읽기 쉽습니다. 어디에 무엇이 있는지 금방 알 수 있죠. 유용성 면에서도 굉장한 의미가 있는 것입니다."

이리하여 경험과 지식이 없는 신입사원이 만들어도 일정 수준 이상의 품질이 유지될 수 있는 구조가 형성되었다.

포맷화와 저가低價 운영의 노하우는 그가 편집자 시절에 새로운 것을 창간하거나 발행부수가 적은 미디어를 담당할 때마다 연마되어 현재의 업무에도 그대로 활용하고 있다고 한다.

### '고객인 독자의 관점' 을 고집한다

도네씨의 뉴 스페셜리스트 기술인 '과제해결 경험' 은 제작 디렉터로서, 그리고 부편집장·편집장으로서 크고 작은 것을 합하면 수십 개나 되는 많은 미디어들과 씨름하면서 길러졌다.

15년 만에 이만한 경험을 할 수 있었던 것은 참으로 축복이 아닐 수 없다. 도네씨로부터 배워야 할 점은 '경험 속에서 항상 무언가를 흡수하고 있다는 점' 이라고 생각한다.

도네씨에게 "○○를 담당했을 때 배운 것은 무엇인가? △△일 때는 언제인가?"라고 잇달아 질문해도, "그때는 이런 것이, 저때는 저런 것이 무척 공부가 되었다. 정말 좋은 경험을 했다"는 즉각적인 대답이 되돌아온다.

도네씨의 장점으로 또 한 가지 주목할 만한 것은 '고객인 독자의 관점'이다. 이것도 경험에서 얻은 기술이라고 한다.

이직정보지 〈B-ing〉의 부편집장이 되었을 때의 일이다. 그 전까지는 학생용이라고 하는 폐쇄된 시장만을 경험했기 때문에 시판잡지는 처음이었다.

"편집부를 비롯한 대부분의 사내 직원들은 편집기사에만 집착하고 있었습니다. 하지만 내가 독자의 목소리를 들었을 때는 그게 아니었습니다. 그들이 원하는 것은 이직처의 구인정보며, 그것이 몇 건 정도 실려 있는지 하는 것이었습니다. 그래서 기사는 신규 독자 획득이라는 목적에만 기능할 수 있도록 다시 설계했습니다." 도네씨는 이때의 성공을 통해 사용자의 수요에 정면으로 대응하는 방법을 배웠다고 한다.

"독자들은 그렇게 논리적으로 생각해서 책을 사는 것이 아닙니다. 하지만 그들은 몇 천 원을 서점에 지불할 만큼의 명확한 이유가 없는 한, 절대로 책을 사지 않습니다. 독자가 원하는 내용을 실어 경쟁 잡지와 비교하여 가치가 있으면 팔리고, 없으면 팔리지 않는다는 바로 이 점이지요. 지금까지 팔리지 않은 책이라도 가치가 있는 책으로 바꾼다면 독자들은 움직이기 시작합니다. 그것을 가장 절실히 실감했을 때가 바로 편집 장 일을 하면서 사업기획까지 담당했던 〈아차라〉 시절입니다.”

도네씨는 〈아차라〉를 리뉴얼하기에 앞서 ‘인터넷을 처음 사용하는 사람들’을 취재했다.

그리고 잡지 속에서 인기가 있는 부분은 크게, 인기가 없는 부분은 작게 다루도록 변경했다.

또한 독자의 수요는 있으나 경합을 벌이는 것을 피해왔던 성인계열 사이트의 기사도 품위 있게 다루기 시작했다.

실제 매수가 단번에 3~4배나 뛰었고 대폭 흑자도 기록했다. 도네씨는 성공을 끝까지 지켜본 뒤, 그 다음 업무에 착수했다. 인터넷 보급이 진행되는 가운데 〈아차라〉는 그 역할을 마치고 휴간에 들어갔지만 마지막까지 흑자를 냈다고 한다.

그밖에도 DTP(전자편집)화와 컴퓨터 잡지 〈PC상담실〉에서의 개척사업 수립 경험과 다이렉트 메일 · 미디어에서의 경험 등, 리크루트에서 배운 것을 골고루 창업 후의 커리어로 살리고 있다고 한다.


**독립을 생각하고 부서 이동을 희망**

리크루트의 신창간과 리뉴얼의 기본은 ‘가능한 한 빨리’다. 빠듯한 기한 때문에 스케줄을 짜서 시작해보면 매일 같이 사전에 예상하지 못한 문제가 발생한다. 창간 직전까지 계속해서 철야를 해야 하는 상태가 되는 것이다.

　그래도 편집장은 말 그대로 '죽어도' 해내지 않으면 안 된다. 리크루트에서도 가장 '활력'을 필요하는 일이 아닐까 여겨진다.

　'인맥'에 대해서 말하면 옛 직장인 리크루트도 설립 이래의 주요 클라이언트며 옛날 인맥을 통한 업무 의뢰도 많은 것 같다.

　"리크루트의 신입사원으로 가장 먼저 배치된 곳은 영업부였는데, 6개월 동안 1원도 팔지 못한 사람은 나밖에 없었습니다. 그런 내가 이곳에서 영업사원 역할을 하고 있기 때문에, 정말로 큰 일이 아닐 수 없습니다" 하고 쓴웃음을 짓는다.

　"앞으로도 인생에서 즐거운 일을 해나가고 싶습니다. 즐거운 일이란 내가 좋아서 제안한 것을 독자가 좋아해주고 책과 미디어가 팔려나가며, 우리 회사와 거래하는 것이 이득이라는 것을 클라이언트가 알아줘서 우리와 계속 거래해나가는 것이지요. 즉, 이 3가지를 모두 갖추는 것이라고 할 수 있습니다."

　도네씨는 리크루트에 입사한 시점부터 독립을 생각한 것은 아니었다고 한다. "독립을 생각한 것은 30살 때쯤이었지요. 동기들이나 주변에서 일을 그만두는 사람이 생겨나서, 나도 언젠가는 그만두겠지 하고 막연하게 생각했습니다. 하지만 그만두고 무엇을 할 것인지에 대한 생각까지는 하지 못했지요."

　때마침 〈앙트레〉를 맡았다.

　"독립하기 위한 책이었습니다. 그래서 내 일이라 생각할 수 있었고, 부수적으로 노하우를 많이 배우게 된 기회였지요. 실제로 독립할 단계가 되자 틀린 부분들도 있었습니다."

예금 자본 때문에 은행에서 거절당하기도 하고 사무실을 빌릴 때도 고생했다고 한다.

그리고 독립을 생각했을 즈음부터 자신의 독자적인 전문분야를 의식하기 시작했다고 한다.

그 뒤에 새로운 업무를 맡을 때마다 경험을 통해 전문분야를 터득해나간 것은 앞에서 말한 바와 같다.

"사업 수립 등을 경험하면서 숫자를 보는 것에는 익숙해져 있었지만, 진정한 의미에서 이해한 것이 아니었습니다. 조직 안에서는 리스크도 없습니다. 경영에 관해서 배운 것은 독립하고 난 뒤부터입니다."

창업과 독립을 지원하는 잡지를 편집했지만, 직접 경험해보지 않으면 결국 모르는 것이다. 독립하기 위한 용기와 노고는 누구나 거치지 않으면 안 되는 관문이라고도 할 수 있는 것이 아닐까.

이소다 아키코(礒田明子, (주)마케팅 위저드 대표이사)

프로필

1987년 (주)리크루트 입사, 오사카 지사에서 신규사업인 컴퓨터 시간제 대여사업의 영업직 담당. 1년 9개월 동안 계속해서 내다 팔고, 그 뒤 자원하여 총 7개의 사업부를 돌아다녔다. 2001년 9월에 퇴사. 2002년 7월에 독립. 마케팅 플래너로서 클라이언트 경영자의 오른팔이 되어 사업기획에서 업무유통 개선까지 폭 넓은 컨설팅을 처리하고 있다. 또한 화장품 성분 정보를 제공하는 사이트를 운영하고 있다.

전문분야: 비즈니스를 이해하는 여성 마케팅 플래너

남에게 뒤지지 않는 능력: '사업기획과 영업전략을 포함한 비즈니스 전체를 고려한 마케팅 컨설팅' × '여성 특유의 관점'

**창업 당시부터 여성을 무기로 생각한 리크루트에 입사**

이소다씨는 2001년에 리크루트를 퇴사하고 동경하던 뉴욕을 오가면서 잡화를 팔며 화장품 성분정보 비즈니스 준비작업을 한 다음에, 회사를 설립하여 2003년 가을부터 본격적인 출발을 감행했다. 명함의 가장자리에는 회사 이름과 연관된 빗자루를 탄 마법사 모습이 새겨져 있다.

현재의 활동 주체는 이소다씨 한 사람이다. 개인사업주에 가까우며 이른바 IC(자유계약자)다. 클라이언트는 중소기업에서는 경영자와 간부, 대기업에서는 마케팅 부문의 책임자에서 간부까지 이른다. 그들 옆에서 비즈니스를 함께 생각하면서 마케팅을 기획한다. 광고대리점이 전개하는 종래의 마케팅 기법이나 매체에 특화된 제안에 머물지 않고, 위쪽의 사업기획과 상품기획, 그리고 아래쪽의 영업전략과 기술에까지 관여하는 컨설팅을 진행하고 있다.

"나는 리크루트를 알기 전까지 스튜어디스 지망생이었어요. 고등학교 때부터 생각한 거죠."

이 두 가지 일의 공통점은 여성에게도 업무가 일임되고, 남성 못지않은 처우를 받을 수 있다는 것이다. 리크루트는 1960년에 창업했을 때부터 여성을 무기로 생각해온 회사며, 남녀 차별 없이 대우해주는 회사로 여학생들에게는 잘 알려져 있었다.

"하늘을 날고 싶었던 것이 아니기 때문에, 모든 면에서 나의 요구보다 더 많은 것들을 충족시켜주는 리크루트를 선택했습니다. 기념으로 스튜어디스 시험도 쳐보고 싶었지만요"라며 그는 활짝 웃는다.

그로부터 15년을 거쳐 그는 비즈니스를 이해하는 마케팅 플래너라고 하는, 경영에 가까운 시각을 몸에 익혀서 독립한 것이다. 그런 능력을 어떻게 몸에 익힌 것일까?

정답은 리크루트와 인맥에 있었다. 하지만 그의 커리어와 능력은 모두 '자신의 희망'이며 의도적으로 획득한 것이었다.

리크루트에는 예전부터 자기신고제도가 있었지만 항상 희망대로는 되지 않는다. 희망이 이만큼 이루어질 수 있었던 비밀은 바로 그가 남긴 실적에 있었다.

모든 것이 수치화되는 영업에서는 '어쨌든 무조건 팔아버렸다'고 한다. 그가 남긴 실적과 '새로운 업무에 도전해보고 싶다'고 하는 적극적인 마음가짐이 직속 상사와 이동할 부서의 상사에게 전해진 것이다.


**실패를 성공으로 바꾸는 열의**

이소다씨가 리크루트에서 획득한 커리어와 능력, 그리고 놀랄 만큼 두터운 인맥에 대해 구체적으로 살펴보기로 하자.

커리어의 첫 번째는 영업이다. "나는 먹는 것과 걷는 것이 원래부터 빠릅니다. 그래서 영업에 딱 맞는 적성이라고 마음속으로 생각해왔습니다. 아무튼 영업을 하겠다고 말했어요. 어차피 할 일이라고 생각했기 때문에, 앞으로 입사하게 될 회사에서 더 빨리 일하고 싶어서 내정된 상태에서 영업 아르바이트를 하기로 결심했죠." 취업 내정자가 일하는 경우는 리크루트에서 흔히 있는 일이다.

하지만 지금은 존재하지 않는 컴퓨터 시간제 대여라고 하는, 리크루트의 기술계열 신규사업의 영업에 배치되었다. 그는 교육학 전공자다. 메모리라는 간단한 단어의 뜻도 고객에게 배워야만 하는 걸도는 하루하루를 보냈다.

입사하고 한 달 동안의 연수가 끝나자 이번에는 슈퍼컴퓨터 영업을 맡았다.

영업 상대는 슈퍼컴퓨터를 필요로 하는 대기업 연구개발부문의 책임자와 기술자들이었다. 계약금액이 수억 원에서 수십억 원 단위였기 때문에 회사의 결재도 필요했다.

신입사원에게는 익숙하지 않은 기술분야였고, 최고경영자와 만나야 하는 영업직이었다. 하지만 이소다씨는 기죽지 않고 적극적으로 일했다.

일본을 대표하는 대기업 B사에서 있었던 에피소드다. 이소다씨는 당초에 기술부장을 만나서 컴퓨터 최적화에 관한 제안을 반복하고 있었지만 생각처럼 진전을 보지 못하고 난관에 부딪혀 있을 때, 선배로부터 "더 윗사람을 만나러 가라. 다각적으로 공격해라"는 조언을 들었다.

부장 위에는 전무이사가 있었다. 이소다씨는 곧장 전화를 걸어서 약속을 잡았다. 당시 리크루트 사업담당 임원으로 그 뒤에 바로 사장이 된 이다 나오타카位田尙隆 씨에게 동행을 부탁하고 길을 나섰다.

처음 만난 자리였지만, 전무는 이소다씨의 제안에 귀를 기울였고 "알겠습니다. 내가 부장에게 바로 움직이라고 말해두죠"라는 약속을 했다. 다음날 기술부장에게 그 이야기가 전해졌다.

그런데 기술부장이 곧바로 이소다씨에게 전화를 해서 "두번 다시 내 앞에 나타나지 말라"고 했다. 조직 내에서 완전히 체면이 깎이는 듯했을 것이다. 아무리 전무라고 해도 현장이 움직이지 않으면 실현되지 않는다. 이 상태에서 아무것도 하지 않으면 지금까지의 일은 완전히 흐지부지 사라지고 만다.

이소다씨는 날마다 B사를 찾아갔다. 부장의 차 유리에 메모를 한 명함을 꽂아두고 집에도 찾아갔다. 얼마쯤은 얼굴도 부딪히려 하지 않았던 부장은 결국 이소다씨의 마음을 알아주었다.

6개월 뒤에 수억 원을 발주했다. 그 뒤에 부사장이 되었고 지금은 다른 상장기업의 회장이 된 그 전무와 기술부장과는 15년이 지난 지금까지도 잘 지내고 있다고 한다.


**'과제를 해결하면 팔리지 않을 리가 없다'**

"저는 좀 집요한 구석이 있습니다. 팔릴 때까지 절대 포기하지 않거든요." 젊음이 무기였던 시기를 거쳐 이소다씨는 과제를 하나하나씩 해결해나감으로써 착실하게 수주로 연결시키는 방식을 알고 있다. "과제를 완전히 해결하면 수주를 받지 않을 리가 없다고 믿고 있어요."

이소다씨는 새로운 과제를 발견하기 위해서 중심인물들을 한 사람씩 만나서 이야기를 듣는다. 대기업인 경우에는 연구소도 많지만, 모두가 슈퍼컴퓨터를 필요로 하는 것은 아니다. 수요를 찾아내기 위해 연구소 식당을 돌아다니면서 정보를 수집하거나 명부를 보고 접근하는 방식을 취하면 순식간에 100명의 명함이 쌓인다고 한다.

"여자가 슈퍼컴퓨터 영업을 하러 가면, 대부분의 사람들이 재밌어하면서 만나줬어요."

여성 특유의 장점도 큰 도움이 되었다.

동시에 사내의 네트워크도 활용해나갔다. 임원과 함께 동행하는 것도 좋은 예인데, 기술적으로 알지 못하는 부분은 사전에 사내 엔지니어에게 의논하여 협력을 구했다.

"혼자서는 아무것도 할 수 없다는 것을 알고 있었기 때문이죠. 리크루트의 상품은 광고의 범위와 기본 서비스가 정해져 있다고 포기하는 사람도 있는 듯하지만 그렇지 않습니다. 기본을 바탕으로 한 아이디어에 따라 고객의 취향에 맞춰 주문을 받을 수 있는 겁니다. 최적의 제안을 위해 무엇이 필요한가를 고객에게 직접 들은 뒤에 생각했습니다. 모를 때는 사람들에게 물어보고, 내가 할 수 없는 일은 도움을 받기로 했지요."


## 여성 최초의 베스트 MVP

취직이 내정되었던 때부터 컴퓨터 영업을 시작한 지 2년 남짓, 이제 슬슬 다른 일을 해볼 마음으로 리크루트의 기둥이라고 일컫는 신규채용 광고를 담당하는 HR 사업부로 부서 이동을 희망했다. 그리고 같은 오사카 지사의 대기업 담당 영업 업무로 옮겼다.

이곳에서도 그는 팔고 또 팔고, 계속해서 내다 팔았다. "MVP라는 상이란 상은 거의 다 받았어요. 지사에서는 월간

MVP를 세 번하면 베스트 MVP 자격으로, 금 접시에 이름이 새겨지고 명예의 전당에 헌액된다고 하는데, 여성으로서는 제가 처음이었습니다."

이소다씨는 사람들이 생각하지 못하는 특별한 일을 하고 있는 것이 아니었다. 과제를 정리하고 해결하며, 그래도 수주를 받지 못하면 숨어 있는 과제를 끝까지 찾아내서 제안하고 해결한다. 혼자서 모든 것을 해결하지 못하기 때문에, 사람들에게 물어보고 도움을 받는다. 너무나 당연한 것들을 계속하고 또 계속하고 있는 것이다.

뉴 스페셜리스트에게 없어서는 안 될 기술 가운데 두 번째에 해당하는 '고객에게 맞는 과제정리 능력'과 세 번째에 해당하는 '과제해결 경험'을 끊임없이 연습하고 있는 자세를 엿볼 수 있다.


**무료 지역신문 사업 수립**

이소다씨는 오사카를 거점으로 고객들을 돌면서 매월 한 번씩 도쿄로 나갔다. 오사카와 마찬가지로 대기업용 신규채용 광고를 영업하는 사원들과 정보교환을 하기 위해서였다.

"충격적이었어요. 정보량이 완전히 다르고, 영업본부와의 거리도 달랐죠. 대기업 클라이언트 본부도 도쿄에 있고 오사카에는 지사들뿐입니다. 그들과 똑같은 시간을 보내고 있는데도, 아깝기도 하고 왠지 손해를 보고 있다는 느낌이 들었습니다."

곧바로 도쿄로 전근을 희망했다. 슈퍼컴퓨터 사업을 할 때 많은 도움을 준 상사가 본사에서 근무하고 있었기 때문에 도쿄로 옮겨갈 수 있었다. "때 맞춰 직종과 분야가 전혀 다른 일을 해보고 싶다고 부탁해봤어요."

'신규사업 개발실'로 배치되었다. 리크루트의 향후 신규사업을 검증하고 궤도에 올려놓을 인기 부서였다.

"입사할 때만 해도 3년만 일하고 결혼할 생각이었어요. 그런데 일이 점점 재미있어졌습니다." 대학교 때부터 사귀던 남자친구가 있었다. "나냐, 일이냐를 선택하라"는 질문을 받고, '일'이라고 대답했다고 한다.

첫 도쿄 근무. 신규사업 개발실에서는 지금의 생활정보지(무료 지역신문) '핫 페이퍼'의 전신이 되는 사업 수립을 맡았다. 상사를 리더로, 6명 정도의 멤버로 구성되었다.

사업화의 과제를 정리하고 견본을 작성, 그것을 영업사원에게 전달하여 고객의 반응과 새로운 요구사항을 파악한다. 판매 루트를 확보하고 독자들과 사내의 의견을 모아, 사업계획의 수치도 정리해나갔다. 이윽고 6개월 뒤 경영회의에서 계속해서 진행하라는 지시가 떨어졌다.

"하나의 사업화만을 진행시켰던 것이 아니라, 늘 병행해서 올라오는 10개에서 20개 정도의 신규 안건의 채택 여부도 판단하고 있었습니다. 이 두 가지는 사업 진행에서 사용하는 틀이 다릅니다. 그때의 경험을 아직까지 활용하고 있습니다. 자

유계약자는 내용물이 다른 사업 의뢰를 동시에 진행시킬 필요
가 있으니까요."

## 1년 반 동안 100곳 이상의 교류회 참가

사업기획이라는 다른 직종을 경험하면서 얻은 것도 많았지
만 불편해진 것도 두 가지가 있었다.

하나는 사업을 시작하자 상사의 승인, 또 그 위 상사의 승
인이 필요했다. 도저히 납득할 수 없는 이유로 거절당하기도
했다.

"한 단계라도 더 위로 올라가서 승인자를 줄이는 수밖에 없
다고 생각했어요. 우선은 내가 매니저가 되어야 했습니다."

영업 쪽이 훨씬 성과가 빨리 나오고 어필도 확실하게 할 수
있다. 결혼정보지 〈젝시(zexy)〉의 영업을 희망했다. 이리저리
열심히 영업하여 예정대로 매니저로 승진했다.

불편해진 또 한 가지는 인맥 형성이었다. 야심에서 인맥을
만들어온 것은 아니지만, 지사에 있었을 때는 영업을 통해 자
연스럽게 교류가 생겨나고 인맥이 쌓였다.

그러나 신규사업 개발실은 사내 업무가 많은 곳이다. 게다
가 도쿄에서는 오사카에 있을 때의 인맥을 넓혀나가는 것조차
뜻대로 되지 않았다.

자기 혼자 할 수 있는 일이란 뻔했다. 모르는 것을 가르쳐주
거나 협력해주는 사람들을 보석이라고 생각했던 만큼, 갑자기

위기감이 닥쳐왔다.

이소다씨는 당시에 유행했던 다른 업종 교류회에 참가하기로 했다. 하겠다고 마음먹으면 그는 매우 철저하다. '경영회의 준비로 바쁜 날을 제외하면, 거의 매일' 같이 일 년 반 동안 100곳 이상의 교류회에 참석했다. 더 재미있는 사람들과 만나고 싶어서 교류회 참가자에게 "지금까지 가장 좋았던 교류회가 어디였냐?"고 물어본 다음, 그곳에 직접 참가했고 이것을 되풀이했다.

"인맥의 신神이라고 불리는 사람도 만나서 여러 가지를 배웠어요. '가능하면 나와 다른 사람을 만나라.' 여자라면 남자, 젊은 사람이라면 나이든 사람과 같이 말이죠. 리크루트 창간자로 유명한 구라타 마나부 씨는 '약속이 겹치면, 자기와 다른 사람을 먼저 만나라' 고 했지요."

"연하장을 몇 장 쓰느냐?"고 물었더니 "6백 장 정도요. 한 사람, 한 사람에게 모두 직접 글을 씁니다. 어떨 때는 천 장이 넘을 때도 있어요. 너무 양이 많아서 마치 일처럼 여겨지면 마음이 담기지 않기 때문에 일단 처음부터 다시 시작하지만 또 이렇게 늘어났어요."


## 마케팅 플래너로 독립

〈젝시〉에서 3년을 보내고 또 다시 '신규사업병이 도져서' 다이렉트마케팅 사업부로 옮겼다. 이미 시작된 회원화 사업을 추진하고 있었지만, 6개월 뒤에 사업을 철수한다는 경영판단이 내려졌다. 철수를 마무리 지은 시점에서 상사에게 퇴직을 선언했다.

퇴직은 신규사업 개발실에서 1년 정도 근무했을 때부터 생각하고 있었다고 한다. "한마디로 말하면, 혼자서도 할 수 있을 것 같은 자신감이 생긴 거죠. 영업과 기획 모두를 경험했기 때문에 일의 진행방식이 똑같다는 것을 알았어요. 언제 그만두더라도 괜찮도록 마음의 준비만큼은 하고 있었고, 마침 회원화사업 철수를 끝마친 때라 시기도 적절하다고 생각했어요."

회사의 만류로, 일단은 리크루트가 발행하는 정보지 판매를 담당하는 마케팅 부서의 업무를 2년 계약으로 지속했다.

각 사업부의 사업부장이 각각의 정보지를 책임지는 경영자라면, 마케팅부서의 이소다씨는 정보지의 생명인 판매 부수를 늘리는 입장이었다.

"어떻게 하면 많이 팔 수 있을까를 의논하면서 생각하고 제안하며, 예산을 끌어와서 진행시켜나갔어요. 이 일을 하면서 텔레비전 광고와 지하철 천장에 매단 광고 등의 미디어에 정통하게 된 것도 좋은 경험이 되었습니다."

2001년 9월에 약속대로 퇴직하고 회사를 설립하여 본격적으로 활동을 시작했다. "하지만 영업활동은 한 적이 없어요. 여러 사람들이 '이런 일이라면 이소다씨가 충분히 해낼 수 있겠죠'라며 소개시켜주었습니다. 고마운 일이죠." 왠지 그의 영업력이 아깝다고 느껴지는 것은 어디 나뿐이겠는가.

이소다씨는 현재 3개사의 클라이언트를 중심으로 활동하고 있다. 그 가운데 한 곳은 화장품회사다. '경영자와 함께' 라는 말 그대로, 1주일에 4일은 상주하면서 사장과 협의하며 사내를 돌아다닌다고 한다.

"개인적으로 한 가지 더 해보고 싶은 사업이 있어요. 바로 화장품 성분정보에 관한 사업입니다." 회사를 설립하기 전에 이소다씨가 뉴욕을 오가던 때, 어느 날 아침 눈을 떴더니 '화장품 사업을 해야겠다' 는 생각이 번쩍 떠올랐다고 한다.

"약사법 개정으로 화장품 성분표시가 의무화되었습니다. 그래도 일반 소비자들이 들어본 적도 없을 만한 성분명을 적어놓고 끝내버리는 것은 고객본위가 아니지요. 각각의 성분이 어떤 것들인지 소비자에게 알기 쉽게 장단점을 알려주고, 단점이 있는 것을 왜 굳이 사용하고 있는가에 대해서도 설명해야 합니다. 상품을 제공하는 이상, 제조업체는 그것을 설명할 책임이 있으며, 소비자 측에서도 선택에 대한 자기책임이 있다고 생각합니다.

다행스럽게 이런 제 생각을 이해해주는 대기업 제조업체들도 있습니다. 당초에는 업계로부터 반발을 받을지도 모르지만, 소비자본위의 흐름은 누구도 바꿀 수가 없습니다. 나는 그 추진역을 제대로 된 사업으로 짊어지고 나가고 싶습니다."

이소다씨에게 평상시에 자신이 여자라는 사실을 의식하고

있냐고 물어보았다.

"의식하고 있어요. 마케팅에서는 여성 특유의 관점이 절대적으로 필요하다고 생각하니까요. 게다가 여성이면서 비즈니스를 이해하고 마케터로 활약하는 사람은 별로 없잖아요. 사내의 관점뿐만 아니라 사외의 관점을 요구하는 경영자와 마케팅 책임자들이 세상에 무척 많다고 알고 있습니다. 그 때문에 사외 여성 마케터는 아주 귀한 대접을 받는 거죠."

이소다씨가 직접 영업에 뛰어들 날은 당분간은 오지 않을 것 같다.

## 마루야마 다카히로(丸山貴宏, (주)크라이스 앤드 컴퍼니 대표이사)

(주)크라이스 앤드 컴퍼니

설립: 1993년 11월

직원수: 약 20명

사업 내용: 헤드헌팅, 인재소개, 인사 · 채용 컨설팅 업무. 구체적으로 '지명 스카우트', '서치 앤드 스카우트', '인재소개' 업무. 컨설팅은 채용지원, 채용전략 입안, 채용업무 아웃소싱, 인사(제도설계 · 운용지원), 종업원 커리어 설계지원 등.

프로필

1986년 (주)리크루트 입사. 오사카 지사의 채용담당으로서 중도채용, 신규채용, 유학생채용과 당시 리크루트가 사원수를 웃돌 만큼 적극적으로 채용하고 있던 아르바이트채용 등을 다채롭게 경험했다. 그 가운데 중도채용에서는 제1인자로 알려졌다. 리크루트 사건 이후 채용감축과 더불어 1992년 7월부터 중도채용 광고의 신규개척을 중심으로 한 영업부로 옮긴다. 충분한 실적을 남기고 이듬해 3월에 퇴사. 리크루트 선배가 설립한 주택설비 판매회사의 업무를 도와준 뒤, 같은 해 11월에 (주)크라이스 앤드 컴퍼니를 설립하여 독립.

전문분야: 중도채용의 프로

남에게 뒤지지 않는 능력: 한 사람, 한 사람에게 정면으로 대응하는 질 높은 커리어 컨설팅 능력


### 상담자의 목소리를 꼼꼼히 수용한다

마루야마씨의 회사 이름 '크라이스 앤드 컴퍼니'의 크라이스가 무엇이냐고 물어보았다. "크라이스는 독일어로 '마루丸'

라는 뜻입니다. '마루와 친구들'이란 뜻이 되는 거죠."

그 순간 "나는 규모가 크고 최고가 되는 것에는 별로 관심이 없습니다"고 말한 마루야마씨의 말이 연관지어 떠올랐다.

마루야마씨는 입사 7년 만에 리크루트를 그만두었다. 7개월가량 리크루트 선배가 설립한 주택설비 판매회사에서 일을 도와준 뒤 1993년에 독립했다. 이직 희망자와 기업을 연결시켜주는 인재소개와 이직에서 경험한 주택설계 판매를 사업화시킨 크라이스 앤드 컴퍼니를 설립한 것이다.

그 뒤로 10년이 지났지만 2개의 사업부를 합친 직원수는 20명이 채 못 된다. 큰 기업으로 확대시켜나갈 것을 절대 목표로 삼지 않는 것은 아니지만, 사업의 질을 최우선으로 여겨온 결과라고 한다.

"실제로 인재소개 업무를 맡고 있는 컨설턴트는 현재 4명. 올해는 2명을 더 늘릴 예정입니다. 신입사원을 투입시켜도 현재의 질을 유지하면서 사업을 키워냈다고 판단했기 때문이죠.

컨설팅은 상담자 한 사람, 한 사람의 목소리를 주의 깊게 받아들이는 것에서 시작합니다. 컨설턴트의 실수로 이직이 실패하는 경우는 절대 있을 수 없기 때문이죠. 이것은 한 사람, 한 사람의 질을 요구합니다. 만약 컨설턴트가 400명 있다면 어떻게 될까요? 전원이 모두 질이 똑같다고 말할 수 있을까요?"

그는 『커리어 컨설팅』이라는 책을 저술했고, 커리어 컨설팅의 수준 향상을 주장하며 컨설턴트에게는 모두 'GCDF(Global

Career Development Facilitator, 미국 CCE 인정 커리어 카운슬러 자격증 = CDF의 일본 자격증)'라는 자격증을 취득하게 했다.

또한 연간 100시간이 넘는 카운슬링 연수를 독자적으로 개발했는데, 윤리관 확인이나 컨설팅·기술 향상을 추구하는 마루야마씨의 집념을 알 수 있었다.

"우리가 목표로 하는 것을 알기 쉽게 말하면, 인재소개회사를 이용해서 이직한 100명에게 설문조사를 했다고 해봅시다. 어느 소개회사를 통해서 이직했는지를 물으면, 아마 대기업에서 규모가 큰 순서대로 몇몇 회사들이 열거될 것입니다.

다음으로, 실제로 이용해보고 좋았다고 느낀 만족도 높은 소개회사는 어디였는지 묻습니다. 그때 가장 먼저 우리 회사의 이름이 나오기를 바라는 것입니다. 품질에서 최고이고 유일무이한 회사로 만들고 싶습니다."


'리크루트에는 마루야마가 있다'고 불리는 중도채용의 프로

커리어 컨설팅의 뿌리는 역시 리크루트에서의 경험이다. 마루야마씨는 '리크루트에는 마루야마가 있다'고 일컬어질 정도로 중도채용에서는 프로였다.

'채용이란 결국 가장 마지막에는 사람과 사람이 서로 마주보면서, 서로를 신뢰할 수 있는지 없는지를 확인하는 것'이다. 그것을 처음 실감한 것은 신입사원으로 배치된 오사카 지사에서 리크루트 자체의 중도채용을 맡았을 때라고 한다.

지원자 A씨는 어느 기술 분야에서는 알 만한 사람들은 다 아는 사람이다. "리크루트라는 곳에서 일하면 재미있을 것 같아서 그냥 지원해봤더니, 어느 젊은 사람(마루야마씨를 말한다)이 나오더니, 아직 잘 아는 것은 없었지만 참으로 성실하게 대해주었다." 이야기를 들으면 들을수록 이상한 회사라는 생각이 들었지만, 자신의 커리어를 잘 이해하고 지원해주는 마루야마씨의 모습에 A씨는 '결국 이 사람을 한 번 믿어보자' 라고 마음을 정했다고 한다.

"상사로부터 주어진 업무는 필사적으로 해내도록 교육을 받아서 무모하게 일했을 뿐입니다"라고 마루야마씨는 말한다.

입사해보니 마루야마씨가 말한 대로 자신에게 딱 맞는 회사였다며 A씨는 기뻐서 "마루야마군, 고마워요. 당신이 없었다면 이 회사에 들어오지 못했을 겁니다"라고 솔직하게 마음을 털어놓고 크게 대접했다고 한다.

그 당시에는 회사에 다니면서 이직활동을 하는 것이 주류였기 때문에, 낮에는 지원자를 모으는 일을 하고 채용활동은 주로 밤이나 주말에 이루어졌다. 하루에 몇몇 지원자들을 만나서 이야기를 듣고 이것을 일 년 내내 계속해나간다. 끊임없이 '지원자' 인 고객의 '커리어' 를 정리하여 고객 한 사람, 한 사람마다 서로 다른 상황에 맞춰서 1%라도 더 높은 신뢰를 쌓을 수 있도록, 사내 관계자들까지 끌어들여 함께 일해나간다.

이 시기에 마루야마씨는 채용 루트의 하나로 대부분의 인재

소개회사에 일을 의뢰하는 입장이었다. 일본기업은 물론, 외국계 대기업과도 교류했는데 "계획이나 지원 등의 업무는 모두 제 차지였으며, 그들은 사람을 데려올 뿐이었습니다. 게다가 이쪽에서 원하는 사람과 차이가 생기는 경우도 많았지요. 아무튼 이런 수준의 일을 하는데, 입사가 정해지면 지원자 연봉의 30~40%를 요구받습니다. 좀 비싸다고 생각하면서도 내가 나중에 이런 일을 한다면 썩 괜찮겠다는 생각을 해봤습니다." 회사 밖에서의 자신의 가치를 처음으로 의식하는 계기가 되었던 것이다.

마루야마씨의 '고객 맞춤 과제정리 능력'의 기본은 리크루트의 사내 커뮤니케이션을 통해 형성되었다고 한다. 상사는 늘 "상대방이 말하고자 하는 것과 그 사람의 기분을 잘 이해한 뒤, 정확하고 짧게 알기 쉽도록 커뮤니케이션하라"고 요구했다.

"자네가 지금 무슨 말을 하는지 모르겠어. 다시 한 번 설명해 봐"라고 호통을 친다. "처음에는 흠칫 놀랐지만, 그 덕분에 말에 대해 무척 민감해졌습니다. 상대방의 말을 듣고 가장 먼저 어떻게 말해야 하는지, 반복하고 또 반복해서 하루 종일 생각하고 말했으니까요."

상대가 지원자인 경우에는 직접 대놓고 호통 치는 경우는 없지만, 항상 상대방의 표정과 말투의 변화를 정확하게 파악해서 일을 진행시켜나갔다. 이것이 커리어 컨설팅의 '질'의 기본이며, 마루야마씨가 말하는 '자신의 커리어에서 인프라(기반)' 같은 것이 구축된 시기였다.

"회사에서 마련한 연수도 있었지만 사내 사람들로부터 배운 것이 가장 많았습니다. 예를 들면, '아무리 열심히 하려고 해도 인간의 한계는 훨씬 더 위에 있다' 든지, '행복의 기준은 점점 내려간다. 그 때문에 어떤 상황에 처하더라도 긍정적인 자세로 열심히 임할 수 있다' 든지. 어떤 책에서 인용한 말이 아니라 모두가 자신의 체험에서 우러나온 것들입니다. 너무나 가슴에 와 닿는 말들이죠."

자신이 받은 충고를 회사 사람들에게 다시 전하고 있는 것이다.

"리크루트에서 실컷 배웠습니다."


## 리크루트 사건과 버블경제 붕괴의 이중 타격

중도채용의 선두에 선 지 2년째 되던 해에 도쿄로 옮겼다. 가장 큰 시장을 상대로 채용활동을 계속했다. 동시에 유학생 채용도 도맡았기에 일 년에 몇 번씩 미국으로 날아갔다.

리크루트에서는 〈B-ing〉이라는 중도채용 정보지를 팔고 있었고 사업으로서도 중도채용에 친숙함이 있었다. 사내에서 마루야마씨의 채용 능력을 전해 들은 영업사원에게 거래처 사장의 소양과 노하우를 듣고 싶다고 동행을 의뢰받았으며, 사내 스터디를 열고 싶으니까 강사로 와달라는 상담요구가 계속 이어졌다. 거래처 사장에게 자신의 경험을 이야기하자 매우 좋아했다. 중도채용의 프로라는 자각이 증폭되어나갔다.

이때 마루야마씨의 사내 평가는 최고 수준이었다. 인사부와 가까운 사이기도 했기 때문에, 20대에 매니저 승진을 목전에 두고 있음을 알았다. "고지가 이제 코앞이라고 생각했습니다."

하지만 리크루트 사건과 버블경제 붕괴라는 이중 타격으로, 리크루트는 대량 채용노선을 재고하고 채용수를 대폭 축소했다. 마루야마씨는 7년째에 〈B-ing〉을 판매하는 부서의 영업사원으로 옮겼다.

마루야마씨는 특정업계와 기업들을 집중적으로 공략하는 신규 전문부서를 담당했는데, 부서의 분위기를 한껏 고조시킬 만한 다양한 프로젝트들을 제안해나갔다.

외국계 프로젝트, 제1차 산업 채용 프로젝트, 리크루트 OB의 사장비서를 채용하는 프로젝트 등을 제안했다. 영업직이 처음이었기 때문에, 즐겁게 일할 수 있는 방법을 찾았다. 그 결과 높은 실적을 남길 수 있었다.

"인사채용과는 또 다르다, 장사를 하고 있다, 내가 직접 물건을 팔고 있다는 것을 실감했죠. 더구나 수치로 나타나니까 더 흥미로웠어요. 내가 영업의 귀재가 아닐까 하고 생각할 정도였죠."

이번에는 클라이언트 기업의 인사 과제에 뛰어들어 사내의 관계자들과 함께 해결해나갔다. 뉴 스페셜리스트의 능력인 '과제해결 경험'을 반복하는 나날이었다.

한편, 자신의 마음속에 무언가 끊임없이 솟아나고 있는 것을 깨달았다. 광고를 팔 뿐만 아니라 그 과정에도 관여하고 싶었던 것이다. 자신이 있어야 할 곳은 사람과 사람이 서로 마주하는 현장일 것이라고 생각했다.

또한 주말도 없이 밤늦도록 일했지만, '실력주의의 리크루트라고 해도, 아무리 수치로 나타내어도 생각만큼 크게 차이가 벌어지지 않는다' 는 평가에 대한 불만도 서서히 생겨나기 시작했다.

### 사람과 사람의 관계가 새로운 일을 창출한다

그러던 가운데 신규개척 프로젝트 때문에 방문한 리크루트 OB의 경영자로부터 부엌 등의 주택설비 기기를 같이 팔아보지 않겠냐는 권유를 받게 된다. 디자인 성격이 강하고, 고급 아이템이라 이익률도 높았으며, 시장성도 분명했다.

인생의 전환기는 타이밍이라고 한다. 이는 중도채용의 프로로서 아주 잘 알고 있던 사실이다.

"갑자기 홀로 서기를 시작할 용기까지는 없었습니다. 눈앞에 좋은 상품이 있고 권유하는 사람도 있으며, 게다가 나라면 더 많이 팔 수 있을 거라는 자신도 있었지요."

중도채용에 관한 사업을 시작하려면 정부의 인가가 필요하다. 그렇기 때문에 어느 정도 돈을 모은 뒤에 신규사업으로 시작해보면 되겠다고 생각하고, 두 번째 요구에 응하며 리크루트를 퇴직했다.

마루야마씨는 영업의 새로운 전선에서 활약했지만, OB 경영자와 경영방침에서 차이가 점점 느껴지자, 7개월 뒤에 퇴직하고 '마루와 친구들'을 설립한다.

"회사라는 것이 어떻게 돌아가는지, 그리고 경영에서는 무엇이 필요한지도 알았기 때문에, 독립에 대한 불안은 없어졌습니다." 벤처 경영자 바로 옆에서 장사를 지켜본 경험이 넘을 수 없는 장애를 손에 닿을 만한 높이로 바꾼 것이다.

다섯 번째 기술인 '인맥'에는 이런 에피소드가 있다. 마루야마씨가 중도채용을 맡고 있던 시절에 도움을 준 사람들 가운데 구로자와라는 사람이 있었다. 그 당시 70세에 가까운 현역 커리어 컨설턴트였다.

마루야마씨가 퇴직하고 회사를 세운다는 소문을 듣고, "혼자서는 힘들 것이다. 마루야마씨의 회사라면 협력하고 싶어하는 동료들도 있다. 데려가겠다. 인가도 맡겨 달라"며 출자까지 해주었다.

마루야마씨가 하고 싶었던 중도채용 사업은 이렇게 시작되었다. 사람과 사람의 관계가 새로운 일을 만들어낸다. 80세를 넘긴 구로자와씨는 아직도 회사를 지원해주고 있다고 한다.

마루야마씨는 인재소개라는 비즈니스, 커리어 컨설팅이라는 일을 자랑스럽게 여기고 있다.

"지원자의 인생에서 중대한 의사결정을 도와주는 일입니다.

열 사람이 있다면 그 열 사람 모두가 다 다릅니다. 항상 신중한 승부를 해야 하기 때문에, 질리거나 하는 일은 절대 없죠. 우리가 존재함으로써 자기 혼자만으로는 생각지도 못할 기회를 만들 수 있습니다. 그리고 그 뒤를 밀어줍니다. 그 사람이 투입됨으로써 회사가 변하는 셈이죠. 회사는 사람에 의해 바뀔 수 있는 것입니다.

담당했던 클라이언트 가운데는 상장한 회사들도 있는데, 제가 소개한 사람들과의 만남이 없었다면 상장이 불가능했으리라 여기지는 회사도 있습니다. 10년 넘게 이 일을 하다보니, 사람에 따라 회사가 변화해나가는 모습이 아주 잘 보입니다. 물론 이직한 당사자도 '마루야마씨 고마워요' 라며 기뻐합니다. 모두에게 윈윈(win-win)인 셈이죠."

누구나 알고 있는 최고의 기업이 아니더라도 뉴 스페셜리스트로서의 능력을 발휘한다면, 사람들이 기뻐할 만한 행복한 삶을 살아갈 수 있다. 그것을 마루야마씨가 새삼 가르쳐주었다.

후지사키 신이치(藤崎愼一, (주) 지역활성플래닝 대표이사)

(주)지역활성플래닝

설립: 2003년 4월

직원수: 4명

사업 내용: 지역재생을 위한 모든 프로젝트를 프로듀스하는 새로운 사업 전개. 관광촉진, 산업진흥, 도시 · 마을 만들기, 교육 · 인재 육성 등 중앙관청이나 지방자치단체가 진행하는 지역계획의 기획입안, 실천지원을 맡고 있다. 또한 영화와 드라마 제작자용 전국 로케지역을 소개하는 계간정보지 〈로케이션 재팬〉 발행. 지역의 FC(Film Commission, 지방 로케지역을 알선하는 단체)를 네트워크한다.

프로필

1986년 (주)리크루트 입사, 주택정보사업부에서 12년 근무. 맨션 · 주택정보지 〈주간주택정보〉의 광고영업 및 영업 매니저. 그 뒤 부서 이동 신청을 하고, 신규사업인 지역활성사업부로 옮긴다. 많은 지역재생 프로젝트에 관여한다. 2003년 퇴직, (주)지역활성플래닝 설립.

전문분야: 지역활성 프로듀서

남에게 뒤지지 않는 능력: 활성화의 주체인 지역 과제를 정리, 비판하고 자극하면서 중앙관청과 민간기업의 풍부한 인맥들을 조정하는 능력

## 지역활성화의 응원단장

후지사키씨가 맡고 있는 지역활성화 사업은 지금껏 제대로 된 비즈니스로 존재하지 않았던 분야다.

"지금으로서는 업무상의 경쟁은 없습니다. 그 때문에 지역의 활성화와 지역에서 무슨 사업을 시작하고 싶을 때는 언제든

지 저에게 상담하러 옵니다." 지금까지 관여한 프로젝트를 그
냥 듣기만 해도 보람을 느낄 만한 일들이 수도 없이 많았다.

기존의 지역활성화라고 하면, 대형 광고대리점이 주도하는
이벤트나 테마파크를 하려는 정도가 주류였다. 이벤트는 돈만
들고 일시적인 화제 제공으로 끝나버린다. 테마파크는 사업성
과 단골손님을 끌어들이기 위한 투자의 달콤함 때문에 점차
파탄에 이르렀다.

후지사키씨의 방식은 지역의 민심에 정면으로 부응해나가
는 것이다. 지역활성프로듀서라는 뉴 스페셜리스트다.

지역의 과제를 정리하고 비판과 격려를 해나가면서 중앙관
청과 민간기업의 풍부한 인맥들을 연결시켜 목적에 가깝게 다
가가는 능력은 남에게 뒤지지 않는다.

"지역활성화의 주체는 지역 주민들이며, 저는 접착제와 같
은 역할을 하고 있습니다. 코디네이터인 셈이죠"라고 후지사
키씨는 말한다. 다시 말해서 응원단장이라고 할까. 단장은 전
력으로 지역을 응원하고, 자신의 네트워크를 이용하여 자금과
힘을 제공하는 사람들까지 소개시켜주지만, 때로는 선수들을
꾸짖기도 한다. 지역민들은 고객의 입장에서 지역의 진정한
장점을 보지 못하고 있다는 말이다.


### '이세시마伊勢志摩 재생 프로젝트'의 목적

3년 전에 미에三重현에서 맡은 '이세시마 재생 프로젝트'에

관한 것이다. 관광객 감소를 우려하는 목소리가 높아지자, 미에현은 주민들이 주도하는 지역재생 프로젝트를 수립했다. 이미 그 당시에 리크루트의 지역활성사업부에서 활약하고 있었던 후지사키씨가 이때 고문으로 초대되었다.

당초 프로젝트 멤버들로부터 "이세시마는 지역활성화의 보고다!", "여기에도 분명히 좋은 일들이 많이 생길 것이다. 열심히 해보자!"는 겸허하고 건설적인 의견들이 나오고 있었다. 그러나 회합을 거듭할수록 "미에현의 이세신궁伊勢神宮은 절대적이다" 등 지역 찬양 일색으로 물들어갔다. 지역을 사랑하는 마음 때문이겠지만, 그런 모습들이 후지사키씨에게는 '독선적이며 고객인 관광객들의 입장을 전혀 고려하지 않는 것' 처럼 비춰졌다고 한다.

이때 후지사키씨는 직접 비판하지 않고 그들에게 사실을 일러주는 방법을 택했다. 프로젝트 멤버들에게 도쿄나 오사카, 나고야에 가서 여행객들의 의견을 들으라고 제안했다. 그러자 오사카 사람들은 "이세신궁보다 이즈모대사出雲大社가 좋다"고 말했으며, 도쿄 사람들은 "이세시마가 어디 있어요? 아이치현인가요?"라고 말했다.

그런 다음 후지사키씨는 여행 잡지 편집자와 여행사 직원들을 지역에 초청하여 전문가의 의견을 들려주었다. "고객들에게는 히다 다카야마飛驒高山 쪽이 훨씬 더 인기가 있습니다." "이세시마에 묵은 사람들로부터 클레임이 많이 들어와요." 멤버들은 큰 충격을 받았으며, 아무 말도 못 하고 그냥 계속 듣고 있을 수밖에 없었다.

프로젝트의 방향성은 이렇게 하여 흔들리지 않았다. 고객인 관광객의 목소리에 귀 기울이며, 그들의 기대에 부응하는 것이 지역활성화의 지름길임을 몸소 느꼈기 때문이다.

'시장을 끝까지 잘 관찰한 다음에 이세시마 특유의 장점을 살리자!' 프로젝트의 기본 이념이 정해졌다. '스스로 생각하고, 스스로 행동하고, 스스로 책임진다.' 현장의 열기에 눌려 현청縣廳의 사무국 직원들도 그들에게 지지 않으려고 열심히 움직여주었다.

물론 후지사키씨 자신도 아침에 눈을 뜨자마자 응원단장으로서 솔선수범하며 조사에 임하고, 기획서를 정리하는 등의 나날을 보냈다. 이렇게 1년이라는 짧은 기간 동안에 지역재생을 위한 몇 개의 사업이 수립되었고, 주민들 주도의 지역재생이 본격화되었다.

### 고객의 과제를 해결하는 영업

후지사키씨는 자기 자신을 '정리맨'이라고 표현한다. 뉴 스페셜리스트의 성공 기술 세 번째인 '고객 맞춤 과제해결 능력'을 말하는 것이다. 이세시마 프로젝트에서 가장 먼저 한 일도 누가 고객이며, 그 고객을 향해 무엇을 실현해야 하는지를 지역 사람들과 함께 정리해나간 것이다.

정리에 뛰어나다는 것을 의식한 계기는 리크루트에서 12년 동안 판매한 맨션·주택정보지인 〈주간주택정보〉의 거래처 고객들의 클레임이었다. "후지사키군이나 리크루트도 모두 우리한테 광고료를 받고 즐거워하지만, 우리에게 유리한 메리트는 과연 뭐죠?"

그때까지 맨션업계에서는 〈주간주택정보〉에 광고를 내지 않으면 팔리지 않는다'고 할 정도로 높은 반향을 불러일으켰으며, 견본주택을 찾아가는 고객수에서 그 실적을 자랑하고 있었다.

하지만 후지사키씨가 클레임을 받았을 때는 구매자 측의 정보원도 다양화되고, 정평이 나 있던 지면 작성의 효과에도 그늘이 드리워지기 시작하던 시기였다. "나는 지금껏 리크루트와 〈주간주택정보〉라는 브랜드의 그늘 아래서 광고만 파는 인간으로 전락했다는 것을 깨달았습니다."

후지사키씨는 영업 스타일을 바꾸기로 결정했다. 물건을 팔고 싶다고 하는 고객의 목적에 대해서, 그것을 실현하기 위해 무엇이 과제인지를 파헤쳐나가는 영업 스타일로 바꾼 것이다.

"물건 자체의 매력이 과제일 수도 있습니다. 그렇다면 광고만으로 해결하려하는 것은 무리입니다." 독자의 자료를 바탕으로 어떤 물건을 만들면 사람들에게 팔리겠는지를 제안했다. 담당자만으로는 일이 진행되지 않아서 점점 회사의 위쪽으로 올라가다가, 결국에는 최고경영자에게까지 이르렀다.

최고경영자의 고민을 직접 듣다보니 고객의 과제가 새롭게 보이기 시작했다고 한다. 후지사키씨는 과제를 다시 정리하고 해결책도 마련해나갔다. 리크루트의 광고는 어디까지나 해결책의 일부에 지나지 않았다. 해결에 필요하다고 여기지면 회사 외부의 힘도 계속해서 활용해나갔다. 리크루트의 상사로부터 "자네는 광고만 팔면 되는 거야"라는 말까지 듣기도 했다. "하지만 그러면 눈앞의 이익을 얻을 수 있지만, 고객의 과제는 해결하지 못합니다"라고 그는 주장했다. 논쟁은 평행선을 달렸다.

일단은 대립하기 시작했지만 후지사키씨는 상사에게 "그런데 우리 부서의 매상이 100억 원이 좋을까요, 60억 원이 좋을까요?"라고 물었다. "그야 당연히 100억 원이지." "알겠습니다. 100억 원 매상을 위해서는 종합적인 지원이 필요하기 때문에, 제 방식대로 움직이겠습니다"며 이해를 맞춰나갔다.

후지사키씨에게는 사내에서도 특별하게 프로듀스형 영업 스타일이 허락되었다. 최고의 매상 실적을 앞두고, 상사도 그를 말리지 못했다.

이렇게 고객의 목적에 정면으로 부딪혀서 과제를 정리하고, 필요한 사람도 준비해두면서 구체화시켜나간다는 후지사키식 스타일이 확립되었다. 세 번째의 뉴 스페셜리스트 기술인 '과제해결 경험'을 쌓아나갔다.

"결국 고객과 오랫동안 교류하기 위해서 필요한 것은 윈윈

(win-win)의 관계라는 것을 실감했습니다." 원원의 사고방식
은 지역활성화의 밑바탕에도 흐르고 있다. 지역과 찬조하는
정부와 기업, 그리고 자기 자신이 서로에게 이익이 되는 상태
를 만들어나간다. 이 삼자의 관계 구축을 프로듀스하는 것이
후지사키씨의 포지션이다.


### '바보가 자만해선 절대 안 된다'

리크루트에서 처음 12년 동안 경험해온 일을 버리고, 지역
활성사업부로 이동신청서를 내려고 결심했을 때 처음에는 망
설였다고 한다.

후지사키씨는 신규졸업자로 리크루트 공채시험에서 두 번
이나 낙방했지만, '자신을 채용하면 절대 후회하지 않을 것이
다'고 끈질기게 매달려서, 세 번째 도전에서 취직이 내정된 역
전의 용사다. 입사 후에는 자신을 뽑아준 은혜를 갚을 작정으
로 열심히 일해, 동기 가운데서도 가장 먼저 과장으로 승진했
다. 그 뒤에도 전국 매니저 최우수상(MVP)을 2년 연속 수상하
는 등 성공의 계단을 차근차근 밟아 올라갔다.

그때 마침, 수상 소식을 전해 들은 예전 상사에게 전화가 걸
려왔다. "자네, 창피해서 나한테 알리지도 못하는군. 회사에서
최고라지. 지금 자네는 부서에서 너무 편하게 지내서 녹슬고
있어." 가장 존경하던 예전 상사에게 호된 소리를 듣자, 오만
한 마음이 생겨나던 자신의 모습에 흠칫 놀랐다. '바보가 자만

해서는 절대 안 된다.'

지역활성사업부는 수립된 지 얼마 안 된 신규사업이었다. 특정 광고 미디어 없이 사내의 모든 상품과 자원을 이용하여 과제를 해결해나가면 되는, 후지사키씨가 원하던 그런 스타일의 사업부였다. 고객의 과제에 더 많이 부응하기 위해 다시 시작하고 싶었다.

과감히 부서 이동을 신청했다.

새로운 부서에서는 회의에서 오가는 대화마저 모두 이해할 수 없었다고 한다. 입사 이래로 가장 힘들었던 시기였다. "아무튼 자만 따위는 모두 버려버리고, 매일같이 다른 모든 것을 흡수하기 위해 이러저리 뛰어다녔습니다." 부서 사람들에게 뭐든지 물어보고, 외부에도 네트워크를 만들려고 노력했다.

다섯 번째 기술인 '인맥'에서도 후지사키씨는 출중했다. 계기는 역시 수상했을 때 전화를 걸어준 예전 상사였다고 한다. "후지사키, 잘 지내나? 회사를 그만둬도 남는 것은 인맥뿐이라네. 회사를 이용해서 지금부터 인맥을 만들어두게."

회사 중심에 사업부라는 종적 교류가 있어서, 후지사키씨는 사업부 횡단의 스터디를 만들었다. 특히, 동기 가운데 비슷하게 활약하고 있는 사람들을 횡적으로 연결시킴으로써, 고객의 과제해결을 위해 서로 돕고자 하는 취지를 세웠다.

또한 주택정보부에서 일했을 때부터 프로듀스형 영업 스타일을 추구하면서 의식적으로 회사 외부의 네트워크 구축에도 힘을 기울였다. "나보다 훨씬 전문성이 높고, 세상에 영향을 미치고 있는 사람들이 회사 밖에 많이 존재한다는 것을 깨닫고, 솔직히 충격을 받았습니다."

인맥 형성은 회사 밖에서 자신의 포지션을 확보했다는 의미에서도, 자신의 특기분야인지 아닌지가 분명해졌다고 하는 의미에서도 중요했다.

"이번에는 오만에서가 아니라 객관적으로 봤을 때, 회사 밖에서도 상당히 통용될 만한 부분이 나에게도 있습니다. 예를 들면 과제를 정리하는 능력이 매우 가치가 있다는 것을 알았죠."

부서를 이동한 지 5년째. 다양한 업계의 인맥과 더불어 중앙관청과 지방자치단체, 그리고 지역주민들과의 네트워크를 견고하게 쌓아나가고 있다.


**신바시에 마련한 사무소는 가스미가세키의 코앞**

"마을 만들기에는 시간이 걸립니다. 눈앞의 이익만을 따르면 성과는 오르지 않습니다."

옳은 말이긴 하지만 항상 고수익만을 목표로 하는 리크루트와 같은 조직에서는 통하지 않는다. 지역활성사업부는 사내에서 인정을 받음과 동시에 높은 이익의 목표를 요구받았다. 그러나 사업부로서 리크루트가 기대하는 속도에 따라가지 못하는 것은 분명했다.

사업 철수 방침이 내려졌을 때, 후지사키씨는 리크루트를 떠나기로 결심했다. 처음부터 '언젠가는 독립' 할 것을 생각한 것은 아니었다. 가족도 있어 한 동안은 망설였다고 한다. 자기가 하고 싶은 것을 끝까지 관철시키기 위해서 결과적으로 독립의 길을 선택한 것뿐이었다고 말한다.

후지사키씨가 리크루트를 떠나던 날, 송별회에 모인 손님들을 보고 사내의 모든 사람들이 놀랐다고 한다. 사내보다 사외 사람들이 더 많았기 때문이다. 게다가 그 면면은 중앙관청에서 정책입안을 담당하는 사람들과 지방자치단체나 민간기업의 간부급들, 그리고 매스컴 관계자들로, 송별회장은 그런 사람들로 가득 찼다. "지방자치단체에 계시는 분들께 제가 퇴직한다고 말하자 '어? 그럼 이제 우리는 어떻게 하면 되죠?' 라며 난처한 표정을 짓더군요."

후지사키씨는 퇴직 직후, 리크루트에서 해온 지역활성사업을 계속해나가기 위해 (주)지역활성플래닝을 설립했다. 신바시에 차린 사무소는 가스미가세키(중앙관청 밀집지역)와 엎어지면 코 닿을 거리에 있다. "중앙관청에서 일하는 사람들도 지나가다 편하게 들릴 수 있고, 지방자치단체 사람들도 도쿄로 출장 온 김에 찾아오기 쉽거든요."


## 1년의 반은 전국을 날아다닌다

후지사키씨는 어떤 일에도 겁먹지 않는다. 그리고 발 빠른 현장 활동도 그의 장점이자, 리크루트에서 단련한 것 가운데 하나라고 한다.

신입사원 시절에 몸을 던져 영업을 한 것이 그 근원이다. 하루에 30~40건씩 오로지 영업에만 온 힘을 쏟았다.

이때의 경험으로 상당한 자신감이 생겼다고 한다. "전국 어디에서, 어떤 사람이 나와도 두렵지 않습니다. 잘 대응할 수 있으니까요."

그 뒤 아무런 약속도 없이 국토교통성과 후생노동성을 방문한 것이 중앙관청과의 연락망 구축으로 이어졌다고 하니 놀라운 일이 아닐 수 없다. 아무리 뛰어들기에 익숙한 리크루트의 영업사원도 "대개 관공서에는 무작정 들어가지 않는다"며 어이없어 했다. 평소부터 "지금 가도 될까요?"라며 금방 달려나가서 직접 발로 뛰는 현장 활동도 그의 자랑거리다. 지금은 1년의 절반은 출장으로, 홋카이도에서 오키나와까지 날아다닌다고 한다. 뉴 스페셜리스트에게 필요한 활력이 흘러넘친다.

지역활성화를 위해 발간한, 전국 FC(Film Commission, 지방의 로케지역을 알선하는 단체)를 지원하는 일본 내 최초의 영화 로케지역 정보지인 〈로케이션 제팬〉의 판매를 늘리기 위해, 미국의 영화 프로듀서도 만나러 가고, 현지의 서점에도 손을 써서 현지 발행도 실현시켰다.

"하지만 대담한 저의 행동의 이면에는 사실 소심한 구석이 있습니다. 고객의 큰 기대에 압박감을 느껴 잠을 자다가 한밤중에 깨는 경우도 종종 있구요." 그래서 치밀하게 계획을 세워용의주도하게 일을 진행시켜나가는 편이라고 한다.

어쨌든 절대 포기하지 않는다. 1%의 가능성만 있어도 모든 방법을 총동원하여 계속해서 접근해나간다. 그것이 후지사키 씨의 신조다.


**'끊임없이 100% 이상의 능력을 발휘했기 때문에 지금이 존재한다'**

후지사키씨는 정보지 〈로케이션 제팬〉의 판매수익을 안정 수익원 또는 지방과의 네트워크 구축을 위한 기반으로 삼고 있다. 독립을 위해 필요한 기술 능력 세 가지 가운데 '1) 장사를 안다' 는 것을 살린 것이다.

"내가 하고 싶은 것을 사업화하려면 돈이 필요합니다. 안 그러면 하고 싶어도 시작할 수 없든지, 돈을 빌려야 하는 등의 제약이 생기는 경우도 많습니다. 〈로케이션 제팬〉은 새로운 사업에 대한 투자기반인 동시에 중앙과 지역을 잇는 교두보 역할을 합니다. 회사의 경영기반인 셈이죠."

또한 필요할 때만 외부의 힘을 빌려서 고정비용의 최소화를 꾀하는 등 "리크루트에서 매니저 시절에 OJT에서 배운 P/L(손익계산서)과 매일 씨름하면서 경영에 임했습니다."

리크루트는 옛날부터 독립채산제도를 사내에 도입했다. 최소 단위의 PC(Profit Center)로서 5~10명 정도로 구성된 '과'를 자리매김해왔다. 과장인 매니저는 흡사 미니 경영자와 비숫하다. 경영을 수치로 파악하는 버릇이 일상에 젖어 있는 것이다.

'3)의 영업력'은 설명하지 않아도 될 것이다.

또한 고객을 위해 일하고 실적을 남기면 이쪽에서 직접 손을 쓰지 않아도 그쪽에서 상담을 받으러 오게 된다. 소문을 통해 일이 일을 낳는 것이다. 영업을 직접 하지 않아도 후지사키 씨를 믿고 상담을 하기 위해 찾아오는 지방자치단체는 수없이 많다.

후지사키씨의 말 속에는 "항상 100% 이상의 능력을 발휘했기 때문에 지금이 존재한다"는 것이 있다. "1%의 가능성만 있어도 절대 포기하지 않는다"고도 말한다.

'끝까지 포기하지 않고 최고의 품질을 고집하며, 계속해서 해나가는 것.' 이것이 바로 뉴 스페셜리스트가 되기 위한 '기본 자세'며 일을 계속하는 한 필요한 태도라고 생각한다. 이 장에서 소개한 4명 모두가 독립 후에도 이 기본 자세를 계속 관철시켜나가고 있다.

# 뉴 스페셜리스트의 5가지 기술,
# 21개의 아이템을 몸에 익히자

Become a New Type of Specialist!

# 1

## 처음에는 작고 작게 시작해본다

제5장에서는 뉴 스페셜리스트가 되기 위한 5가지 기술을 지금 다니고 있는 회사에서 몸에 익힐 수 있는 방법을 찾고자 한다. 독립에 필요한 3가지 기술에 대해서도 적어보았다.

뉴 스페셜리스트가 된 리크루트 OB들이 20~30대에 필요한 기술을 몸에 익힌 배경에는 신입시절부터 '사원은 개인 점포주다'는 환경이 있다.

이것이 의미하는 것은 규모의 크기보다는 가능한 한 경영 과제에 더 가까운 과제를 맡아서 스스로 생각하고, 다른 사람과 더불어 오로지 목적 달성과 성과를 향해 몰두한다는 것이다. 이것을 몇 번씩 계속 되풀이하면서 더 큰 규모, 더 큰 과제를 해결해나감으로써 능력을 향상시켰던 것이다.

뉴 스페셜리스트가 된다는 것은 '경영 과제와 관련된 고객의 과제해결을 많이 경험한다 = 많은 경험을 쌓아나간다' 는 것이다. 20대와 30대에 그런 경험의 기회를 잡는 것은 많은 사람들에게 쉬운 일이 아닐 것이다. 일본에는 아직도 젊다는 이유로 일을 맡겨주지 않는 회사가 여전히 압도적인 다수를 차지하고 있다.

그렇다면 일단 업무의 크기를 작게 줄여보면 어떨까? 작고 작게 발상해보는 것이다. 규모가 작고, 기간이 짧고, 관여하는 사람의 수가 적은 일부터 시작하는 것이다. 단, 반드시 일을 맡아야 한다.

- 아무리 작아도 상관없으니까 일단 무조건 일을 맡는다.
- 경영 과제와 연관된 중요한 일이라고 생각한다.
- 일을 맡겨준 클라이언트와 상사의 기대 이상의 성과를 올린다.
- 그 뒤에는 많은 경험을 쌓으면서 점점 업무의 단위를 키워나간다.
- 업무의 크기에 맞춰 사람들을 더 많이 개입시켜나간다.

운 좋게도 젊은 나이에 큰 프로젝트의 구성원으로 뽑혔다고 해보자. 하지만 책임자가 아닌 이상, 결국 일부분만을 담당하는 것에 지나지 않는다. 전체적인 모습을 보기란 상당히 어려우며, 책임을 떠맡았을 때 느끼는 진정한 긴장감을 체험할 수도 없다.

당신의 회사에서 프로젝트의 책임자로서 그 역할이 주어지는 시기는 대략 몇 살부터인가? 당신은 그때까지 어느 일부분만을 계속해나가는가? 책임자로서의 풍부한 경험을 계속해서 쌓아나갈 수 있는가? 작은 일이라 해도 책임자로서의 임무가 주어지면, 책임을 져야한다는 짐을 짊어진 만큼 솟아나는 에너지의 크기가 다르다. 작은 일부터 시작하여 점점 큰 일로 뻗어나간다. 아직은 조금 무리라고 여겨지는 일을 맡는 것이 빨리 성장할 수 있는 길이다. 하나하나 해결해나가는 즐거움이 성장으로 이어지고, 더 큰 의욕을 불러일으킨다.

그렇다면 뉴 스페셜리스트의 5가지 기술을 어떻게 손에 넣을 수 있는지, 그 방법론에 대해 설명해보도록 하겠다.

## 2

# 5가지 기술, 21개의 아이템을
# 손에 넣는 방법

**1) '차별화' 기술을 익히자**

스페셜리스트로서의 전문분야를 정하는 것은 뉴 스페셜리스트가 되기 위한 가장 기본적인 요구사항이다. 이것은 '차별화' 기술의 전제다.

- 제2장에서 나온 7가지 유형을 참고하여, 지금까지 쌓아온 자신의 커리어와 시장성을 내다보고 차별화할 수 있는 전문분야를 정해본다.
- 자신이 정한 분야에서 하나의 실적을 이뤄낸다. 그 실적을 사례로 삼아 횡축으로 전개해나간다. 이것을 되풀이하며 경험을 쌓아간다.

- 자신의 전문분야와 특기분야를 한 단계 더 높은 차원과 각도에서 다시 파악해본다.
- 그렇게 다시 파악한 분야에서 또 다시 폭을 넓히고 심화시켜나간다.

이런 되풀이 과정이다. 그렇다면 첫 번째 기술인 '차별화'의 4가지 아이템을 손에 넣는 방법을 살펴보도록 하자.

## 아이템 01 작은 차별화를 거듭하여 성과로 이어나간다

스페셜리스트로서 정한 전문분야에서 남에게 뒤지지 않을 만한 충분한 능력을 갖고 있지 않은 경우에는 어떻게 해야 할까?

작은 차별화를 거듭하는 것이다. 특별한 방법은 없다. 훌륭한 경영자라고 일컬어지는 대부분의 사람들도 처음부터 남에게 뒤지지 않는 독자적인 노하우나 기술을 갖고 있거나, 그것을 단번에 획득한 것이 절대 아니다. 꾸준히 아이디어를 모색하면서 한 걸음씩 앞으로 나아갔던 것이다.

작은 차별화를 거듭하기 위해서는 습관화가 가장 좋다. 뉴 스페셜리스트 OB의 예에서 보듯이, 젊어서부터 궁리에 궁리를 거듭하지 않으면 안 되는 환경에 처해지면, 습관화되는 속도가 더욱 빨라진다. 이런 환경은 기다려도 오지 않는 법이기 때문에, 스스로 직접 만들어보도록 해야 한다.

① 똑같은 일을 하는 경우에는 절대로 지난번과 같은 방법
   을 취하지 않을 것. 사소한 것이라도 좋으니까 뭔가를 좀
   바꿔보자.
② 단순히 바꾸는 것이 아니라, 지난번보다 더 좋은 아이디
   어를 생각해보자.
③ 가능하면 남이 생각지도 못할 것 같은 방법으로 해보자.
④ 어떻게 변할 것인지에 대한 가설을 세우고 결과를 검증
   한 뒤에 그 다음 가설을 세운다(PDS: Plan Do See).
⑤ 이것을 되풀이한다. 24시간 내내 ①~④번을 생각하면서
   행동한다.

회사에서 업무를 인계받을 때는 기회가 찾아온 것을 의미한
다. 전임자의 방식을 전부 청취한 뒤 다른 방식을 생각해보자.
더 향상된 아이디어를 생각하여 PDS를 반복해본다.

비록 채택이 되지 않더라도 아이디어를 만들어내는 당신의
능력이 착실히 단련될 것이다.

습관으로 몸에 익히고 싶다면 계속해서 집요하게 당신 자신
에게 말하는 방법밖에 없다. 수첩에 적힌 하루하루의 일정표
에 '오늘 하루 동안 차별화된 것을 만들어내자' 와 같이 적어둔
다. 즉, 모든 일정표에 적어두는 것이다. 귀찮더라도 하나하나
적어두는 것이 중요하다. 다음 주에도, 그 다음 주에도 계속해
서 적어나간다.

그리고 한 달 뒤에는 '차별화가 습관화되었는가?' 라고 적어
본다. 귀찮다면 더 이상 적을 필요가 없도록 빨리 습관화시키
는 방법밖에 없다.

한 달 뒤로 한정하지 말고 적당한 때를 봐서 습관화되었는
지를 확인해본다. 습관화되지 않았다면 처음부터 다시 시작해
야 한다. 그리고 매일 자기 자신에게 되물어보도록 하자.

일단 습관으로 몸에 익혔다면 당신이 세운 가설이 맞는지,
안 맞는지를 확인하는 것은 매우 가슴 설레는 과정이 될 것이
다. 마치 게임을 하는 것처럼 재미있고, 그것을 반복함으로써
당신의 차별화 능력은 점점 쌓여간다.

## 아이템 02 발상을 바꾸는 것만으로도 차별화가 가능하며 가치가 창출된다

우리 주변에는 많은 히트 상품들이 해마다 탄생하고 있다.
히트 상품 가운데는 독창적인 아이디어에서 나온 것도 있지
만, 약간의 발상 전환을 통해 대히트한 것들도 많다.

특정 건강식품인 녹차는 다이어트 차를 중고령층 남성에게
맞춘 것뿐이고, 동물 캐릭터는 옛날부터 인기가 많았기 때문
에 캐릭터로 사용한 치와와나 토끼도 독창적인 발상에서 만들
어졌다고는 말할 수 없다. 완벽하게 독창적인 상품은 오히려
극소수에 불과하다고 할 수 있다.

히트 상품을 만들어내는 사람들은 독창성을 고집하지 않아

도 물건을 팔 수 있다는 사실을 알고 있다. 모방이 기본이며, 남들이 생각지도 못한 관점에서 발상을 가미하여 많은 사람들이 좋아하는 것이라면 팔린다.

브레인스토밍(brainstorming)의 발명자이자, 발상법을 정리한 오즈번(Osborn)의 '9가지 체크리스트'가 있다.

① 그밖에 쓰일 만한 용도는 없을까?

② 다른 곳에서 아이디어를 빌릴 수 없을까?

③ 바꿔보면 어떨까?

④ 크게 해보면 어떨까?

⑤ 작게 해보면 어떨까?

⑥ 다른 것으로 대용할 수 있을까?

⑦ 바꿔 넣어보면 어떨까?

⑧ 반대로 해보면 어떨까?

⑨ 조합해보면 어떨까?

발상법이라 불리는 것은 이밖에도 몇 개나 더 존재한다. 하나둘씩 기억해두면 좋을 것이다. 하지만 유사시에 활용할 수 있을 정도로 발상법을 몸에 익히기 위해서는 평소부터 계속 사용하여 습관화해야 한다.

세상에는 천재 플래너라 불리는 사람들도 많지만, 진정한 천재는 극히 일부다. 천재들도 매일 노력을 하는데 하물며 나머지 플래너들은 어떻겠는가!

하루하루 쌓아나가면서 습관화시킴으로써 비즈니스 현장에서 그 어느 한 가지를 인정받는 것이다. 인정받으면 기분도 좋아지고, 또한 업무에서도 다양하게 사용할 수 있게 된다. 남들과 다른 발상을 하도록 유념하자. 이런 하루하루의 작은 전진이 쌓인 결과, 플래너로서 자리매김하는 것이다.

다른 사람의 발상법을 빌려서 사용하는 동안에 점점 자신만의 발상법이 만들어진다. 자신의 발상법은 차별화의 보석이다. '지속＋차별화'다. 남들과 다른 점을 의식함으로써 새로운 스페셜리스트가 탄생하는 것이다.

발생을 바꾸는 계기로 내일부터 당장 실행할 수 있는 것이 무엇인지를 생각해보자. 정례회의에서 앉는 좌석이 매일 고정되어 있지는 않은가? 일부러 자신이 앉는 자리를 평소와 다르게 배치해보자. 실내의 풍경, 바깥 풍경, 사회자의 모습이 달라 보이지 않겠는가? 양 옆에 앉는 사람들과 사회자, 그리고 다른 사람들이 앉는 위치관계가 바뀌는지, 안 바뀌지를 관찰하는 것도 재미있을 것이다.

'늘 똑같은 것'에 변화를 주는 것이 발상의 원점이다.


**아이템 03 차별화하여 부가가치가 높아지면 돈이 벌린다**

다른 사람과 차별화하여 부가가치가 높아지면 돈이 벌린다는 것은 사업전략과 마케팅 세계에서는 이미 상식이다.

차별화 없이 경쟁하면 틀림없이 가격경쟁에 휩싸이고 만다. 이익률이 10%인 상품에서 5%의 가격인하를 용인한다면 판매가가 천 원인 상품인 경우, 고객의 입장에서 보면 고작 50원 싸지는 것에 불과하지만 이익은 절반으로 떨어진다는 것을 알 수 있다. 이익의 압박을 받으면 시간적인 여유와 심적 여유가 없어지고, 개개인의 제안의 질도 떨어질 수밖에 없다.

'차별화하여 부가가치가 높아지면 돈이 벌린다는 것'을 실감하려면, 당신이 알고 있는 독특하고 특히 최근에 활력이 넘치는 회사를 예로 들어보길 바란다. 매상고와 영업이익이라는 본업에서의 이익을 공표하고 있는 회사라면, 양쪽을 나누면 '이익률'을 파악할 수 있다. 차별화하여 부가가치가 높은 회사가 어느 정도의 돈을 벌고 있을까? 당신의 회사 이익률과도 비교해보도록 하자.

**아이템 04 자신의 제공 가치를 높이기 위해 끊임없이 노력한다**

자신의 전문분야와 그 주변에서의 제공 가치를 계속 높여야 하며, 그러기 위한 노력을 게을리 해선 안 된다. 제공 가치를 높이는 방법으로는 전문분야를 심화시켜서 세로축으로 넓혀나가는 방법이 한 가지 있으며, 또 한 가지로는 가로축으로 넓혀나가는 방법을 생각할 수 있다. 자신이 좋아하는 전문분야라면 그냥 내버려둬도 스스로 알아서 잘 해낼 수 있을 것이다.

따라서 가로축으로 넓히는 것에 더 많은 노력이 필요하다.

가로축을 넓히는 방법으로는 두 가지가 있을 수 있다. 현재의 분야에서 주변을 넓혀나가는 방법과 새로운 전문분야를 하나 더 만드는 방법이다.

주변을 넓혀나가려면 먼저 주변에 무엇이 있는지를 써내려가 보아야 한다. 예를 들어, 전문분야가 마케팅 관련이라면 인터넷과 모바일 마케팅, EC, 판매, 영업, CRM(Customer Relationship Management), CS(Customer Satisfaction), CSR(Corporate Social Responsibility), 브랜딩 등이 있다. 현재 자신이 마케팅 관련의 어느 부근에 있는지를 확인하여 그 주변의 키워드를 정해보자.

그리고 키워드에 관련된 것이라면 여태까지 읽지 않고 지나쳤던 신문기사도 읽도록 하자. 인터넷에서 검색하여 키워드에 관한 기본 지식을 얻고 입문서도 읽는다. 그 분야의 제1인자도 만나고, 자신의 인맥 가운데서 그것을 잘 알고 있을 것 같은 사람들도 만나서 이야기를 들어보자.

새로운 전문분야를 만들려면 제2장의 스페셜리스트로서 전문분야를 찾는 방법 가운데 두 번째에 해당하는 것을 발견하거나 사내에서 적극적으로 부서 이동에 도전해보는 것도 좋다.

기다리고만 있으면 절대 안 된다. 상부의 명령에 따른 부서 이동은 모험과도 같은 것이다. 당신이 정한 전문분야와 교차시켜서 새로운 전개를 상상해볼 수 있는 부서를 찾아 스스로가 적극적으로 이동을 시도해보도록 하자.

인사는 사람이 하는 일이다. 부서 이동을 '시도하는' 것이 전혀 불가능한 회사는 없을 것이다. 당신의 사내 인맥을 잘 활용해보길 바란다.

평소부터 차별화를 의식하기 위해서는 더 큰 곳에 몸담아보는 것이 좋다. 예를 들어, 가능하면 사외의 접점을 만들어보자. 비슷한 일을 하는 사외의 사람들은 전문분야에서 자신의 포지션을 알게 해주는 기준이 된다.

또한 클라이언트와의 술자리에서 기회를 봐서, 왜 자사와 거래를 하는지에 대해 물어보는 것도 좋을 것이다.

당신뿐만 아니라 경쟁회사와도 거래를 하고 있는 경우라면 왜 그렇게 하고 있는지 물어본다. 상대방의 이유 가운데 당신이라는 존재가 긍정적인 이유로 나오지 않는다면, 당신은 회사의 간판을 떼어버리는 순간부터 클라이언트에 대한 당신의 가치가 전무해질 가능성이 있다.

회사의 간판을 떼어냈을 때, 당신이 얼마만큼의 가치가 있을지, 얼마 정도의 급여를 받을 수 있을지를 생각하는 습관을 기르도록 하자.

무료로 이직상담을 해주는 인재소개회사들도 있다. 등록해서 카운슬링을 받아보는 것도 좋을지 모른다. 대체적인 시세를 알려줄 테니 말이다.

또한 매월 급여명세를 볼 때마다 '내가 이번 달에 받은 급여에 걸맞은 이익(매상이 아니라)과 가치를 회사에 제공했는지'를 되돌아보길 바란다.

엔지니어로서 고객의 시스템 개발을 담당하고 있다면, 고객에게 얼마만큼의 이익을 가져다줄 가능성을 지닌 시스템인지, 그 가운데 몇 퍼센트를 이번 달에 해냈는지, 프로젝트 전체를 얼마에 받고 있으며, 거기서 자신의 급여와 대강의 경비를 제외하고 충분한 이익을 회사에 가져다주었는지를 돌이켜보기 바란다.

그런 다음, 다른 사람과 차별화함으로써 자신의 제공 가치를 지금보다 더 높일 수 있는 방법에 대해서 생각해보길 바란다.

### 2) '고객 맞춤 과제정리 능력'을 익히자

**아이템 05** 직위가 더 높은 사람을 만나 진실과 본질에 다가선다

갑자기 최고경영자를 만나려고 한다면 제4장의 이소다씨처럼, 평소에 만나던 담당자의 기분을 상하게 하는 경우가 생길 수 있다. '왜 나를 건너뛰고 최고경영자를 만났는지, 왜 나는 안 되는지' 하고 생각하게 만든다.

이런 경우에는 왜 내가 안 되는지에 대한 이유를 제공하도록 하자. 예를 들면, 사장의 의견을 원고에 반영하고자 '촬영도 하면서' 이야기를 나누고 싶다고 말이다.

담당자가 사장에게 제안은 하고 싶지만 제대로 설명할 수

있는지에 대해 걱정하고 있다면, "그럼, 함께 프레젠테이션해
도 될까요? 저도 보충자료를 준비하겠습니다"라고 같은 편에
서서 제안을 해보자.

지금까지 만났던 사람보다 직위가 더 높은 사람과의 약속이
잡혔다고 해보자. 그 다음에 중요한 것은 과제정리를 위해 경
청하는 능력이다.


① 사전에 얻은 정보를 가능하면 다 모아본다. 홈페이지, 인
터넷 검색, 회사안내, 시판용 책자, 사내와 지인 중에 알
고 있을 법한 사람들에게 물어보거나 상대방에 대해 사
전에 들었던 것 등.
② 거기서부터 가설을 세운다. 일어나고 있는 현실, 과제는
무엇인가?
③ 가설에 집착하지 말 것. 경청할 때는 일단 가설을 잊어버
리고 먼저 사실 청취에 집중한다. 상대방의 현 상황을 확
실하게 들어본다.
④ 사실에 대해 상대방이 느끼고 있는 과제가 무엇인지까지
들을 것. 이때 사전에 준비한 가설이 맞아떨어질 가능성
이 높다고 여겨지면 그 가설을 제기해본다. 정면으로 답
하기 어려운 내용일 때는 과감히 주변 사실부터 질문해
나가는 것이 빠를 경우도 있다. 그리고 사실뿐만 아니라
'왜' 그렇게 느끼고 있는지를 들어야지만 비로소 경청했

다고 말할 수 있다.

⑤ 최고경영자뿐만 아니라 현장에서도 확인할 것. 최고경영자가 느끼고 있는 과제에 정면으로 접근해도 제대로 잘 답할 수 없는 것이나, 내보이기 어려운 것들도 있을 수 있다. 먼저 일상적인 업무 이야기를 들은 뒤, 평상시에 어렵게 느끼고 있는 부분들이나 과제들을 개별적으로 질문해나가도록 하자.


**아이템 06 가능한 한 경영자의 마음에 접근한다**

최고경영자를 만나도 좀처럼 본질에 다가가지 못하는 사람도 있다. 그 이유 가운데 하나는 경청하는 능력이 부족하기 때문이고, 또 하나의 이유는 아이템 06의 ‘경영자의 마음에 접근하여’ 경청하지 못하기 때문이다.

만약 당신이 경영자의 기분을 이해하고 과제해결을 돕고자 하는 마음이 전해진다면, 경청하는 능력이 없어도 경영자는 당신에게 본심을 털어놓고 싶어할 것이다.

경영자가 인식하고 있는 과제가 본래의 과제가 아닌 경우도 있을 수 있다. 그럴 때는 당신이 독자적인 가설도 제시하면서 먼저 경영자가 인식하고 있는 과제를 파악하고, 그 주변과 외부를 파헤쳐 그 과제가 진정한 과제인지를 확인해야 한다.

회사의 제2인자조차도 제1인자가 느끼는 회사경영의 압박감과 무거운 책임감을 공유하기란 어려운 일이다. 이것이 바로 경영자는 늘 고독하다고 일컫는 이유기도 하다.

마음에 접근하는 것, 똑같은 관점에 서보는 것은 경영자의 옆에 있지 않아도 가능하다. 평소에 늘 찡그린 얼굴을 하고 있던 경영자가 다른 친한 경영자나 스승으로 떠받드는 경영자 앞에서는 온화한 표정을 짓는 것도 바로 마음을 공유하고 있기 때문이다.

경영자의 마음에 접근하기 위해 유명한 경영자의 반생을 기록한 책이나 경영철학을 정리한 책을 모조리 읽는 사람도 있다. 취재한 작가가 경영자의 마음을 이해할 수 있는 사람이라면 다행이지만, 그렇지 않다면 사실만을 쫓은 내용이 되어버리고 '왜' 라는 것에는 다가갈 수 없다. 또한 어딘가에 멋지게 내보이려고 경영자가 직접 쓰는 경우도 있는데, 전문 작가의 표현력 없이는 힘든 일인 것 같다.

경영서적을 읽기보다는 경영자를 위한 세미나를 듣는 것이 더 효과적이라고 생각한다. 좋은 세미나는 경영자의 마음과 관점을 전제로 구성되어 있다.

똑같은 주제에서 일반인을 위한 내용과의 차이를 이해한다면 경영자의 마음을 엿볼 수 있다. 경영자가 아니면 참가하기 어려운 경우라면, 세미나 멤버 가운데서 친분이 있는 경영자에게 부탁하여 그 사람이 가지 않을 때 대리로 참석할 수도 있다.

경영서적을 읽는다면 인생이나 경영철학에서 나온 것이 아니라, 그 과정을 이야기한 생생한 에피소드를 '당신이 경영자가 되어' 맛보도록 하자.

한참을 망설인 뒤에 결단을 내린 경우나 설비와 사람에게 사운을 걸고 투자한 경우에, 그때 경영자는 무엇을 보고, 어떤 생각으로 많은 선택 가운데 최종 결단을 내렸는지 등의 장면을 읽어나가면서 자신의 심장이 두근두근 고동치거나 이마에 땀이 난다면, 그것이 바로 경영자의 마음에 다가갔다는 증거인 것이다.

그 뒤에 업무로 경영자를 만날 수 있는 기회가 생긴다면 기회를 봐서 "일전에 ○○ 회사의 경영자인 △△씨의 이런 에피소드를 접했습니다만, 비슷한 경험이 □□씨에게도 있었나요?" 하고 물어보길 바란다. 당신과의 관계가 양호하다면 속내를 처음으로 내보일 수 있을지도 모른다.

**아이템 07 모르는 것이 있으면 아는 사람에게 묻든지, 아는 사람이 누군지를 알고 있을 법한 사람에게 물어본다**

제3장에서 경영자의 마음을 잘 모를 때, 리크루트에서는 상사나 선배, 혹은 동료 가운데서 비슷한 경영자의 고민을 들은 적이 있는 사람에게 상담을 하면, "분명히 과제는 이거다"고 가르쳐준다는 이야기를 했다.

뭐든지 처음부터 물어보는 것이 아니라 먼저 자신이 직접 알아보아야 한다. 남에게 묻기를 잘하는 사람은 '물어야 될 것', '자신이 알아보면 알 수 있는 것', '다시 한 번 생각해보아야 할 것'들을 한순간에 판단할 수 있다. 이것은 훈련을 통해 몸에 익히는 것이다. 잘 묻는 사람이 성장이 빠르다는 이야기는 여러 비즈니스 책에도 쓰여 있는 사실이다.

**아이템 08 비슷한 사례가 없는지를 찾아본다**

과제정리에는 다양한 사례들이 효과적이다. 사례를 찾아보도록 하자. 독창성도 중요하지만 좋은 것을 흉내 내는 순진함도 그에 못지않게 중요하다.

'사례'는 전례주의前例主義의 경향이 있는 일본회사에 특히 발군의 효과가 있다. 수집 방법으로는 먼저 소속 부서 사람들에게 물어보는 것부터 시작하여 정례회의 등에서도 질문해보도록 하자. 당신이 곤란한 상황에 처해 있다는 것을 알면 상사, 선배, 동료들 모두가 일제히 찾아봐줄 것이다.

정보를 가르쳐준 사람에게는 반드시 감사를 표시해야 한다. 최종 결과 또는 중간보고를 할 때도 감사를 표하도록 하자. 가르쳐준 사례가 효과가 있었다면 해당하는 모든 고객에게 활용해보는 것도 좋을 것이다. 상대에게 도움이 되는 사례인지, 아닌지가 중요하기 때문이다.

소속 부서로 충분하지 않다면 관계가 있을 법한 사내 부서와 지인들에게도 물어보자.

과제해결 경험과는 달리, 세상의 모든 사례들이 직접적으로 참고가 되는 경우가 있기 때문에 문헌이나 인터넷에서도 찾아 보도록 하자. 더 이상 알아볼 방법이 없을 정도까지 해보면, 과제정리를 진행시키는 데 헤매는 일이 없어진다.

## 아이템 09 사례에 의존하지 말고, 스스로 고객을 상상하면서 생각하는 습관을 익힌다

'스스로 먼저 사고하는 것'이 중요하다. 남에게 물어만 보고 스스로 생각하지 않는 사람에게 장기적인 성장이란 있을 수 없다. 왜냐하면 뉴 스페셜리스트로서 일을 하다보면 과거에 선례가 없을 듯한 업무와 맞부딪치는 경우가 많기 때문이다.

더구나 '과제해결' 단계에서 혼돈상태에 빠지는 경우도 있다. 성과가 보이는 동안에는 괜찮지만 보이지 않을 때는 과제정리 과정으로 돌아가서 원인을 재고할 필요가 있다.

과제정리 단계에서 납득이 가는 결론이 나온다면 금세 해결 방법의 문제임을 알 수 있게 된다. 방법을 바꾸면 결과는 저절로 따라오리라고 상상할 수 있다. 그러나 과제정리 단계에서 다른 사람의 사례를 적용만 하고 생각하는 버릇을 들이기 않는 다면, 결과가 동반되지 않았을 때 원인을 밝혀낼 수 없게 된다.

사고방식에 대해서는 제4장에 나온 도네씨의 논리적 사고가 크게 참고가 될 것이다. 컨설팅에서 자주 사용하는 '로직 트리'라는 방법이다. 일어나고 있는 문제에 대해서 '왜'를 되풀이해본다. '왜'가 과제정리 능력의 기본이다. '왜'는 끊임없이 이어져나간다. 이것은 원인의 원인을 찾는 과정인데, 거의 대부분의 경우 원인은 한 가지가 아니다. 서너 가지의 이유가 있음을 당연히 여기면서 '왜'를 다각적으로 파헤쳐보아야 한다.

당신이 채용광고를 담당하는 영업사원이라고 해보자. 처음 방문하여 만나게 된 인사부장에게 인재채용에서 힘든 점은 없냐고 질문한다. 그러자 부장이 "광고겠죠. 하지만 필요 없는데요. 우리 회사는 광고하지 않아요. 연고로도 충분하거든요"라고 말했다고 치자.

이 시점에서 동종 업계나 비슷한 발언을 한 인사부장에게 제안한 타사의 사례를 끄집어내는 것도 좋지만, 과제정리는 전혀 되어 있지 않은 셈이다. 머릿속으로 생각할 수 있는 몇 가지의 가설을 준비한다. 부장이 한 말의 진의는 무엇인가?

첫 번째, 실은 연고가 아니라 채용을 하고 싶지만, 자사의 능력과 채용 능력에 자신이 없다.

두 번째, 실은 연고가 아니라 채용을 하고 싶지만, 사장이 채용에 전혀 돈을 쓰지 않는 것에 불만을 느끼고 있다.

세 번째, 부장은 문제의식은 있으나 거의 포기한 상태다.

네 번째, 부장은 문제의식을 전혀 갖고 있지 않다(연고로 충분하다고 여기고 있다).

다섯 번째, 부장은 지금보다 업무가 늘어나는 것을 원치 않는다.

실제로는 어느 한 가지가 아니라 몇 가지 이유가 조합되어 있거나 강약이 있을 수 있다. 부장이 한 말의 진의를 모르는 상태에서 사례를 이야기해도 그것을 타개할 수 없을 가능성이 높다. 부장의 말을 들은 뒤에 당신이 해야 할 일은 '왜'를 제기하는 것이다.

"그렇습니까? 그런데 부장님은 왜 '우리 회사는 광고를 하지 않는다'고 생각하시나요?" 부장의 대답을 기다린다. 그 대답에도 아직 뭔가가 있다고 느껴지면, 완벽하게 알 때까지 '왜'를 되풀이하기 바란다.

다섯 번째 이유와 같은 경우에는 부장에게 직접 부딪쳐도 과제는 해결되지 않는다. 직접적으로 원인을 제거하기보다는 조금 우회하더라도 목적지에 빨리 닿을 수 있는 방법을 생각해보자.

과제정리 능력을 연마하여 진실에 다가가려면 다시 한 번 고객의 과제로 돌아가는 수밖에 없을 것 같다. 이야기를 잘 경청하고 나서 정리할 때는 만났을 때의 상대방의 말투와 표정, 과제를 정리한 과정을 떠올리며 납득이 가는지, 안 가는지를 다시 검증하길 바란다. 도저히 납득이 가지 않아서 묻고 싶은 것이 생길 때는 망설이지 말고 다시 한 번 물어보아야 한다.

### 3) '과제해결 경험'을 익히자

**아이템 10 사례가 그대로 적용되지 않는다는 것을 전제로,
더 많은 과제해결 사례들을 다른 사람들과 함께
경험해나가는 것 = 많은 경험을 쌓는 것**

일이 맡겨지지 않는다면 많은 경험을 쌓고 싶어도 쌓을 수 가 없다. 따라서 먼저 자신이 그 일을 맡을 수 있으려면 어떻게 해야 하는지, 그 방법부터 말하고자 한다. 당신이 상사라면 부하직원에게 일을 맡길 때를 상상해보면 대충 알 수 있을 것이다.

① 손을 들어 하고 싶다는 의사를 밝힌다.
② 작은 일부터 시작한다. 가능하면 이때 여러 협력자의 이름을 열거하여 혼자서 마음대로 일을 진행시킬 수 없는 대신, 일 전체를 일임받을 수 있도록 한다.
③ 수차보고를 약속한다(보고용 포맷도 자신이 직접 준비한다).
④ 협력자를 가능하면 많이 만든다.
⑤ 120%의 성과를 올린다.

이런 식으로 많은 경험을 쌓길 바란다. 지난번과 똑같은 경험이 아니라 매번 새로운 아이디어나 다른 사람들과 다른 아이디어를 짜내어 많은 사람들을 개입시켜나가자.

**아이템 11 과제정리에서 완성된 것을 전제로, 필요한 정보를 새롭게 수집한다**

제3장에서 리크루트의 광고 미디어를 담당하는 영업사원은 제작사원의 현장취재에 자주 동행한다는 이야기를 소개했다. 이런 기회를 잘 이용하는 것이 하나의 방법이지만, 과제해결을 위해 새로운 정보수집이 필요하다면 솔직하게 부탁하여 협력을 구하는 것이 좋다.

이때 누구를 취재할 것인지, 어느 계층의 사람인지 대상을 확실하게 선택해야 한다. 이사, 부장, 과장, 사원, 혹은 아르바이트 등. 그리고 신입인지, 2~3년째인지, 지도층인지, 직종은 무엇인지 또는 실적이 가장 높은 사람인지, 아직 숫자로는 나타나지 않았지만 회사에서 기대를 걸고 있는 사람인지 등.

회사의 향후 방향성을 찾아내려면 고위층을 활성화시키는 방법도 있지만, 계속 남아서 열심히 일해주길 바라는 하위층 사원들을 끌어올리는 방법도 있다.

취재 대상자를 잘못 선택하면 해결책이 편중되거나 고위층밖에 소화해낼 수 없는 내용이 되어버릴 위험성을 안게 된다.

직접 이야기를 듣는 것밖에도 설문조사를 하는 방법이 있다. 설문조사도 용도를 잘못 선택하면 독선적인 것이 될 수 있다. 누구의 이름으로 발신한 것인지, 기명인지 무기명인지, 실시배경에 대한 설명과 질문의 미묘한 뉘앙스 등 작은 것들 때문에 결과가 크게 흔들릴 수 있다.

대상자 가운데서 무작위로 5~7명을 선택하여 좌담회 취재를 하는 것이 생생하게 전체적인 모습을 파악하는 데 도움이 될 수 있다. 또한 설문조사를 실시하여 전체적인 개요를 파악한 뒤에 개별 취재도 병행하는 등, 아무튼 직접 청취할 것을 권하고 싶다. 중요한 것은 해결책에 대해서 '이거다' 는 자신을 가질 수 있을 때까지 다각적인 검토를 계속하는 것이다.

**아이템 12 현장이 움직이고, 성과로 이어지는 제안을 한다**

아이템 11에서 '이거다' 고 자신을 가질 수 있을 때까지라고 말했는데, '이거다' 는 것의 한 가지 기본은 현장을 움직일 수 있는 해결책인지의 여부다. 현장을 행동으로 움직일 수 없다면 절대 결과로 이어지지 않는다. 마음으로 움직일 수 없다면 일시적으로는 성과가 보이더라도 오래 지속되지 않는다.

당신이 음식체인점용 고객관리 시스템을 판매하는 영업사원이라고 해보자. 그리고 경영자와 시스템부장이 당신의 제안을 받아들여서 그 시스템을 도입했다고 하자. 그런데 각 점포 직원들이 전혀 고객정보를 입력해주지 않는다면 어떻게 될까? 고객관리는 그림의 떡이 되는 것이다. 돈을 들여서 대단한 시스템을 도입하기보다는 점장이 고객의 얼굴을 하나하나 기억하면서 대응하는 종래의 방식이 아직은 제 기능을 하고 있는 것이다.

사장의 명령으로 입력이 의무화되었다고 해보자. 현장에서 그 의미와 사용했을 때의 메리트를 상상할 수 없다면 입력을 하더라도 그것을 사용할 수 있는 사람은 없을 것이다.

입력하는 사람은 "이렇게 바쁜데 쓸데없는 일이 늘었다"며 한숨을 쉴 것이다. 시간을 뺏기는 만큼, 전체적인 작업효율이 떨어지고 의욕마저 줄어든다.

클라이언트가 당신에게 기대한 것은 과연 무엇일까? 고객 시스템의 기능만을 사는 것이라면 경쟁제품과 비교한 뒤, 가격인하에 대한 이야기로 끝나버린다. 클라이언트는 당신이 필요한 것이 아니라, 당신 회사가 개발한 기능과 10원이라도 싸게 제공받기만을 요구하는 것이다. 이때 당신의 존재란 전혀 있을 수 없다.

수주를 받았을 때의 고객의 말투와 표정을 떠올리고, 당신에 대한 기대를 상기시켜보아야 한다. 당신에게 맡긴 예산에는 고객관리를 향상시키고 계속적인 점포 확대를 실현시키고자 하는 경영 과제의 해결 요금이 포함되어 있는 것이 아닐까?

현장을 움직이는 것은 최종적으로는 클라이언트의 몫이다. 그것은 클라이언트도 잘 알고 있다. 그러나 고객관리 시스템 도입에 관해서는 당신이 더 잘 알고 있을 것이다.

개별적인 현장의 상황은 클라이언트에게 물어본 뒤, 현장을 취재하면 된다. 결과가 나오도록 이끌어갈 수 없다면 프로라고 할 수 없다.

현장을 움직인다고 하는 것을 한 걸음 더 앞으로 이끌어나가도록 하자. 클라이언트는 입력은 점장의 일이라고 말한다. '젊은 사원이 판단할 수 없기 때문에'라고 말이다.

하지만 현실은 어떤가? 점장의 업무는 원래부터 아주 많다. 거기다가 입력의 짐까지 모두 점장에게 지우기보다는 어떻게든 젊은 사원들도 할 수 있는 방법, 즉 가능하면 아르바이트나 파트타이머를 포함한 전원이 올바르게 입력할 수 있는 편이 좋지 않을까? 점포 전체의 효율성도 높아지고 고객관리에 대한 인식도 전원이 공유할 수 있으며, 점장이 부재중이라도 점포의 대응력이 떨어지지 않을 것이다.

클라이언트도 이것을 생각하지 않는 것은 아니겠지만 무리라고 믿고 있다. 그렇다면 왜 무리라고 믿고 있는지를 물어보자.

'입력방법이 복잡하고 외울 수 없기 때문'이라면, 이것은 시스템의 문제다. 고객의 목소리를 통해 다시 개발로 피드백하여 누구나 알 수 있는 입력방법의 인터페이스로 바꾸도록 해야 한다. 아마 똑같은 이유로 힘들어하는 클라이언트와 도입을 망설이는 제안처도 있을 것이다.

'고객관리 자체를 전부 이해할 수 없기 때문'이라면, 고객관리에 관한 스페셜리스트로서 당신이 직접 현장 사람들을 모아 몇 회에 걸친 제품설명회를 열어보면 어떨까? 아르바이트나 파트타이머들도 아침 조회 때나 점심을 먹으면서 설명을 들을 수 있도록 하는 것이다.

기회가 무르익으면 '업무시간 이외라도 좋으니까, 확실하게 시간을 잡아서 설명을 듣고 싶다'는 의견이 현장에서 생겨날지도 모른다. 그들에게 입력방법까지 가르치다보면 시스템의 개선 부분을 발견하는 경우도 있을 것이다.

이렇게 만들어진 의식개혁과 성과의 합계는 클라이언트가 최초에 지불한 시스템 도입 요금보다 가치가 더 클 것이다. 다양한 경험을 쌓음으로써 당신은 좋은 성과가 나올 때까지 지원해준 컨설턴트라는 호평을 받을 것이다.

해결책을 제안하기 전에 현장을 움직이는 제안인지, 아닌지를 다시 한 번 체크해보길 바란다.


**아이템 13 당신의 프로듀스 능력에 따라 프로젝트의 성과
는 크게 달라진다**

이것은 경험을 많이 쌓다보면 불가피하게 경험하는 것이다. 외부 스테프들도 개입시킨 프로젝트인 경우에는 특히 그렇지만, 프로젝트 편성과 프로듀서의 역량은 성과에 크게 영향을 미친다.

주로 사내 직원만을 활용하는 경우, 스태프가 항상 고정되어 있다면 두 가지 의미에서 좀 아쉬울지도 모른다.

하나는 모든 프로젝트 안건에 대해 현재의 스태프들이 최선의 구성일까, 사내에 더 효율적인 팀 구성이 없을까, 외부 직원도 쓸 수 있다면 새로운 선택 여지가 훨씬 늘어나지 않을까

하는 것이다.

아쉽다는 의미의 또 한 가지는 당신 자신이 아쉬운 것이다. 프로젝트 발족에 맞춰 최적의 멤버를 생각하고 있다면, 우수한 많은 스태프들이나 특기분야가 다른 스태프들을 만나서 서로 자극을 받을 수 있다. 스태프가 늘어나면 맡을 수 있는 업무의 폭도 넓어질 것이다.

스태프를 지휘하는 리더, 즉 프로듀서로서 최소한 필요한 것은 목적을 명확히 하여 이리저리 흔들리지 않게 하는 것이다.

때로는 클라이언트 측의 목적이 흔들리는 경우도 있다. 당신의 지휘에 의지하여 움직이고 있는 스태프에게는 중대사다. 변경 배경을 명확히 밝히고, 프로듀서 차원에서 해결할 수 있는 것에 빨리 대응하여 원래대로 돌아가야 한다. 만약 도저히 목적 변경이 불가피할 것 같으면, 적당한 시기에 그 정보를 스태프들에게 전달하여 방향을 수정해나간다.

클라이언트와의 창구는 당신이기 때문에 목적의 고삐를 단단히 움켜쥐고 놓지 않아야 한다. 이것만 지킨다면 세세한 지시를 하지 않아도 전문 스태프들이라면 목적지를 향해 전속력으로 달려줄 것이다.

과제해결 경험에 관한 기술을 익히는 기본은 몇 번이나 말하지만 바로 풍부한 경험이다. 그리고 그 풍부한 경험의 질을 지속적으로 향상시킬 수 있도록 '일을 많이 맡는 사람' 이 되어서 기대에 계속 부응하는 것이다.

## 4) '활력'을 손에 넣자

**아이템 14 고객의 책임자로서 고객을 더 잘 이해하고, 남**
**일 대하듯 하지 않는다**

인간은 왜 열심히 일할 수 있는 것일까? 그것은 바로 애정이 있기 때문이라고 나는 생각한다. 처음부터 일에 애정을 갖는 사람은 거의 없을 것이다. "이것은 내가 좋아하는 일이니까 애정이 간다"고 처음부터 말할 수 있는 사람은 자기 자신을 위한다고는 할 수 있어도, 고객을 위한다고는 할 수 없다고 느껴진다.

예를 들면 카피라이터라는 직업이 있다. 그곳에는 '글 쓰는 것을 좋아한다' 든지 '광고로 사람들을 놀라게 하는 것이 재미있다' 고 하는 사람들이 모여 있다. 이 자체가 뉴 스페셜리스트로서의 자세에 방해가 되는 것은 아니지만, 클라이언트의 기대는 아랑곳하지 않고 자신의 생각만 앞세우는 경우가 있을 수 있다. 개인적으로 내가 위화감을 느끼는 것은 광고를 '작품' 이라고 부르는 사람들에 대한 것이다. 만들었다는 의미라면 괜찮지만, 예술작품으로 착각하고 있는 것은 아닐까 하고 느껴질 때가 있다. 고객의 과제해결을 담당할 뉴 스페셜리스트는 될 수 없는 사람이다.

고객의 과제해결에 애정을 가지려면 어떻게 하면 좋을까? 담당자인 자신이 클라이언트의 창구며 책임자라는 사실을 자각해야 한다. 하지만 아직 애정도 없는데, 자각심을 가지고 앞으로 나아가라고 하면 아마 무슨 뜻인지 모를 것이다.

아무튼 클라이언트를 여러 번 찾아가서 담당자뿐 아니라, 여러 관계자들의 이야기를 들어보길 바란다. 이야기를 들어보면 많은 사람들이 똑같은 화제를 이야기하면서 "꼭 도와주세요, 기대하겠습니다"라고 말해주기도 한다.

이런 이야기와 기대를 접하는 사이에 그것이 남의 일이 아니라는 것을 느끼게 된다. 그리하여 무심코 "저희 회사도 변화하지 않으면 안 됩니다"라고 당사자의 일처럼 말하기도 한다. 그리고 신기하게도 점점 그 회사 전체를 위해 열심히 노력하려고 마음먹게 된다. 경영자와 직원들 모두의 행복을 과제해결 저편에서 지켜보면서 말이다.


**아이템 15** 일을 맡은 이상, 120%의 성과를 향해서 무슨 일이 있어도 반드시 해낸다

왜 100%가 아니라 120%일까? '100%의 달성으로는 클라이언트가 만족하지 않는다'는 뜻이다. 1천 원을 내고, 1천 원의 가치를 제공받는 것은 너무나 당연한 일이다.

하지만 1천 원에 대해 유형·무형을 포함하여 1천 2백 원의 가치를 느낀다면 다음에도 당신에게 일을 의뢰할 것이다. 당신이 뉴 스페셜리스트로서의 능력을 가지고 열심히 일한 결과, 1천 2백 원의 가치를 만들어냈다면 1천 3백 원의 가치를

가진 경쟁회사가 나타나더라도 곧바로 상대하지 않을 것이다. 정말로 1천 3백 원의 가치가 있을지를 의심할 것이고, 사정을 다 파악하고 있는 당신에게 의뢰하는 편이 현장을 포함해서 모두가 안심하는 길이라고 생각하기 때문이다.

당신은 130%의 가치를 제안해온 경쟁회사에 대해 연구할 필요는 다소 있지만, 눈앞에 있는 클라이언트를 위해 자만하지 말고 매진해나가면 된다. 120%를 130%로 향상시켜나가기 위한 노력을 계속하면서 말이다. 120%를 목표로 하는 것은 '100%를 목표로 해도 100%를 전부 달성할 수 없다'고 하는 의미도 포함하고 있다.

막상 시작해보면 예상하지도 못한 여러 가지 문제들이 생긴다. 어떻게 하면 좋을까? 이때는 개인적으로 납기 일정을 앞당긴다.

또는 상대방이 의논하기 편한 사람이라면 다양한 문제가 일으킬 리스크를 이야기한 뒤, 앞당긴 납기를 과감히 공개하는 것이다.

100%가 아니라 120%를 목표로 하고 있다는 모습이 클라이언트에게 전해져 협력자가 되어줄 것이다.

## 아이템 16 과제해결을 위해 늘 긍정적으로 발상한다

당신이 소속 부서의 회의사무국을 일임했다고 해보자. 그런데 참가자의 발언이 적고 활기마저 없어서 뭔가를 해야겠다는 생각을 하고 있다고 하자. '왜' 그럴까? 여기서 먼저 '참가자에게 의욕이 없어서'라고 해버리면 그냥 거기서 끝나버린다. '참가자에게는 의욕이 있다. 하지만 뭔가가 방해하고 있는 것이다'는 발상을 해보기 바란다.

발언이 적고 분위기가 좋지 않은 것은 아마 모두들 느끼고 있을 것이다. 그럼에도 불구하고 발언을 하지 못하는 것은 뭔가 다른 이유가 있기 때문이다.

회의의 주제가 막연하다. 논의를 해도 의미가 없는 주제라고 여기고 있다. 진행하는 사람이 위압적이다. 시간대와 장소, 좌석의 배치 등 회의의 설정이 좋지 않다. 회의 진행방식이 나쁘다. 참가자들 사이의 이해가 부족하고 말하는 것을 서로가 잘 이해하지 못한다. 원인은 하나가 아닐지도 모른다.

몇몇 참가자들에게 물어보길 바란다. 이때 '참가자에게 의욕이 없기 때문이다'고 여기는 당신의 생각이 아주 조금이라도 전해진다면 참가자들은 본심을 말해주지 않을 것이다.

내게도 이런 경험은 있다. 회의 시간이 매번 초과된 경우가 있었다. 시험 삼아 잘 보이는 위치에 시계를 걸어두자 그 뒤로는 시간이 잘 지켜졌다. 실은 어느 누구도 시간을 초과하고 싶지가 않았던 것이다.

일하기 싫거나 의욕이 없는 사람은 거의 없다고 믿어야 한다. 일을 하는 이상, 누구나 재미있고 즐겁게 하고 싶은 법이다.

처음에는 의욕이 없던 사람도 즐겁게 할 수 있는 방법을 알면서 의욕이 생기는 사례도 여럿 있었다.


## 5) '인맥'을 손에 넣자

인맥을 만드는 데 기본적인 규칙을 먼저 파악해두도록 하자. 기본은 다음의 세 가지라고 생각한다.

- 기본 1: 득실을 따지면서 교제하지 않는다. 항상 주고받는 (give and take) 관계.
- 기본 2: 먼저 준다. 늘 뭔가 도움을 줄 수 있을까 생각한다. 상대방이 난처함에 처했을 때야말로 힘이 되어주도록 한다.
- 기본 3: 도움을 받을 때도 곧바로 감사를 표시한다. 도움이 되는 정보를 얻었다면 경위와 결과를 바로 보고한다.

**아이템 17 현재와 과거의 회사, 그리고 동기들의 인맥**
인맥 가운데 가장 빨리 만들고 쉽게 활용할 수 있는 것이 바로 사내 인맥이라고 생각한다. 일을 진행시킬 때 사내의 여러 사람들에게 협력을 구하는 것은 많은 의미에서 가치가 있다.

- 지금 맡고 있는 업무에 관한 정보를 얻고 도움을 받는다.

- 한 번 관계를 맺어두면 업무상 힘들 때나 급할 때도 무리한 요구까지 쉽게 들어준다.
- 또한 업무상 어려움에 처했을 때, 누구에게 물어야 되는지를 알고 물어볼 사람들이 많아진다.
- 결과적으로 자신의 존재를 아는 사람이 많아지고 사내에서의 지명도도 한층 높아진다.

인간이 혼자서 할 수 있는 일에는 한계가 있다는 것을 가슴에 새기고 주위의 협력을 구하는 것이다. 뭐든지 바로 물어보는 것이 아니라 먼저 스스로 생각해야 한다. 하지만 모르는 것은 아무리 생각해도 알아낼 수가 없다.

그럴 경우, 곧바로 내선번호표를 훑어보며 알만한 사람에게 전화를 걸어보자. 사내에서 당신을 문전 박대하는 사람도 있겠지만, 이 정도의 인맥 형성을 귀찮아한다면 회사 밖에서의 인맥은 절대 만들어나갈 수 없다.

사내에서 인맥을 만들어나갈 경우, '먼저 도움을 준다'는 것을 지키기란 상당히 어렵다. 그 대신, 신세를 진 사람들을 메모해두었다가 그 사람이 다음에 뭔가를 물어보았을 때 반드시 도움을 주도록 하자.

내선번호표는 사내의 인맥도며, 적혀진 메모의 수만큼 당신의 인맥이 늘어나는 것이다.

당신이 알고 있는 사람들을 모두 내선번호표 위에 체크해보길 바란다. 업무와 관련이 있을 듯한 부서에서 체크되지 않은 사람은 없는지 말이다. 모두 표시되었다면 이번에는 각 부서의 주요 인물들을 체크해보도록 한다.

처음에는 메일이 아니라 전화를 권하고 싶다. 상대방의 입장과 인상을 모르면 정보를 가르쳐줘도 되는지, 안 되는지 망설이기 때문이다. 전화로 목소리를 들려주면서 '가르쳐주세요'라는 자세로 의뢰하면, 얼굴은 몰라도 상대방의 마음을 열 수 있는 법이다.

가까운 부서라면 전화하지 말고 직접 찾아가보자. 그러면 직접적인 인맥이 형성될 뿐 아니라 다른 멤버들까지 소개시켜주기도 하기 때문에 한번에 인맥이 넓어진다.

사내라고 해서 방심하지 말고, 정보를 가르쳐준 사람에게는 반드시 그 뒤에 어떻게 되었는지를 알려주도록 하자. 누군가에게 도움을 주어 감사를 받으면 또 다시 가르쳐주고 싶은 마음이 들게 마련이다.

사내 인맥은 회사를 떠난 뒤에도 계속 유지된다. 아무리 같은 회사에서 일했다고 해도 회사를 그만두면 외부인이 된다. OB라고 말하면 전화를 끊어버리지는 않지만, 모르는 사람이라고 경계한다. 그런데 이때 이야기를 직접 주고받은 적이 한 번이라도 있느냐, 없느냐에 따라 상황이 달라지는 것이다.

동기란 참으로 고마운 존재이기 때문에 소중히 여겨야 한다. 동기는 입사동기만이 아니라 중도 입사동기, 매니저 승진

동기 등이 있다. 연수를 통해 이야기를 나눈 사람들도 동기는 아니지만 친한 사이들이다. 동기는 회사를 떠난 뒤에도 말을 건네기 쉬운 존재다. 그렇다고 해서 너무 편하게 대해서는 안 되고 항상 주고받는 관계라야 한다.

업무가 좀 바쁘더라도 재직중에는 동기회 같은 모임에 최우 선적으로 나가야 할 것이다. 오히려 간사를 맡아보는 것도 하나의 좋은 방법이 된다. 손을 들 용기가 필요하지만, 여럿이 함께 하면 부담도 줄어든다. 간사들끼리는 친한 친구 사이가 되고, 간사를 맡음으로써 동기들 모두에게 먼저 도움을 주는 관계를 형성할 수 있으며, 한번에 동기 전원과 연결될 수 있는 기회가 생기는 것이다.

### 아이템 18 외부 직원들과의 인맥

현재 당신의 일이 외부 직원이 필요한 일이라면 항상 외부 직원을 개척해나가야 한다. 자기 주변에서 찾는 데 한계가 오면, 다른 부서에서 비슷한 일을 하는 사람에게 사내 인맥도 만들 겸 전화를 걸어서 새로운 스태프를 찾아보길 바란다.

소개자에게 이야기를 들으면 대강의 장단점을 사전에 파악할 수 있다. 좋은 구성을 이룰 수 있을 것 같으면 같이 일도 해보고, 부서 사람들에게도 소개하도록 하자. 그 스태프는 부서의 창구가 되어준 당신에게 고마워하며, 당신이 의뢰하는 일에는 특히 더 열심히 임해줄 것이다.

마찬가지로 부서 사람들도 당신에게 감사하며, 당신의 인맥을 높이 살 것이다. 당신은 스태프와 부서 사람들에게 감사를 받고, 게다가 다른 부서에도 새로운 인맥을 형성하게 된다.

단, 한 번 같이 일했다고 해서 그것이 인맥으로 이어지는 것이라고 생각하면 안 된다. 스태프도 당신과의 일이 처음이기 때문에, 당신을 업무 상대로서 앞으로도 함께 일하고 싶은지, 아닌지를 판단할 것이다. 첫 번째 일을 끝마쳤을 때 그것에 대한 결론이 나와 있을 것이다.

그 다음으로는 당신의 외부 인맥과 사내 직원들의 외부 인맥을 활용해보자. 만약 유명한 사람 중에서 당신 마음에 드는 사람이 있다면 인맥이 없어도 직접 접근해보는 것이 어떨까?

'부디 당신과 이야기를 한번 나누고 싶다'든지 '예산은 별로 많지 않지만, 한번 사내 스터디에 참석해주기 바란다'며 접근을 시도해보자. 상대의 가치를 안다면 회사에 의뢰하기도 쉬워진다. 생각보다 너무 싸서 놀라는 경우도 있을 수 있다.

또한 이쪽의 생각이 전해지면, 파격적으로 해주겠다는 이야기도 자주 듣게 된다. 그리고 나면 스케줄과 타이밍이다. 한번에 오케이 사인이 떨어지는 경우도 있다. 당신이 초빙했기 때문에 틀림없이 당신의 인맥이 되는 것이다.

현재 당신의 일이 외부 직원을 특별히 필요로 하지 않는 경우, 최근에 기획과 아이디어가 혼돈상태에 빠졌다고 느끼고 있다면, 외부의 적당한 스태프를 불러서 프레젠테이션과 강연회를 열어보면 어떨까?

그것만으로도 사내에 자극이 되는 것은 물론, 당신의 존재도 홍보할 수 있다. 첫 시도이기 때문에 사전에 상사와 확실하게 의논하도록 하자.

외부 직원에 대해서 업자 취급하는 사람도 있다. 입장을 바꿔서 생각하는 능력이 부족한 사람이다.

상대방도 인간이다. 자신을 그렇게 취급하는 사람에 대해서 일을 초월하여 교제할 수 있는 사이가 될 수 있을까? 만약 당신이 회사를 그만두고 독립했을 경우에 과연 협력하려고 할까? 예산이 없을 때도 힘껏 도와주기 위해 애쓰고 싶은 마음을 가져줄까?

좀 전에도 말했듯이, 상대방도 당신을 보고 있다는 사실을 잊어서는 안 된다.

## 아이템 19 클라이언트와 거래처의 인맥

제4장에서 말한 후지사키씨의 예가 참고가 되리라 생각한다.

클라이언트와의 관계 형성이라고 말하면, 접대라고 생각하는 사람도 있을 것이다. 술을 마시면서 속마음과 사적인 이야기를 주고받으며 사이가 좋아지는 것도 물론 중요한 일이라고 생각한다. 하지만 술자리를 통한 친목 도모와 업무의 성과 가운데 어느 쪽이 먼저인가라고 하면, 바로 업무의 성과로 부응해야 한다고 나는 생각한다.

먼저 클라이언트의 기대에 120%의 성과로 부응해야 한다. 업무로 신뢰를 받고 감사를 받는다면, 아무리 경쟁 영업사원과 술자리를 함께해도 두렵지가 않다. 상대방이 정확한 사람일수록 좋은 비즈니스 상대로 여겨줄 것이다. 그리고 당신을 떠나보내지 않을 것이다.

가끔은 클라이언트로부터 사소한 것들을 가르쳐달라는 연락을 받는 경우도 있다. 당신이라면 잘 알고 있을 것 같아서 자신을 도와줄 것이라는 기대가 담겨 있는 것이다. 상대방이 난처함에 처했을 때, 얼마만큼 눈앞의 득실을 따지지 않고 힘이 되어줄 수 있는가? 이것은 '인맥'의 기본이기도 하다.

이해관계를 따지지 않고 당신이 할 수 있는 한에서 해주길 바란다.

상대방이 훌륭한 사람일수록 작은 일이라도 도움을 받았다는 사실을 기억하는 법이다. 그리고 어떤 형태로든, 가능하면 일로 언젠가 보답하리라고 생각할 것이다. 따라서 기대하지 않고 기다리고 있으면 되는 것이다. 도움을 받아도 금세 잊어버리거나, 아무렇지도 않게 생각하는 사람에게 인맥이란 절대 만들어지지 않는다.

클라이언트와 윈윈(win-win) 관계를 구축하려면 결국 의뢰받은 일에 대해 120%로 부응하는 것이며, 어려울 때 힘을 다해 도와주는 것이 아닐까 생각한다.

**아이템 20 일이나 클라이언트를 통한 개인적인 인맥**

일과 사생활을 포함한 인맥 만들기는 제4장에서 소개한 이소다씨의 예를 참고로 하면 좋을 것이다.

예년만큼은 아니지만, 타업종 교류회가 아직도 왕성하게 행해지고 있다. 고객을 찾기 위해 교류회에 나오는 사람들도 가끔 있지만, 교류회에 모인 사람들과 목적이 다르기 때문에 절대로 성공할 수 없다. 오히려 거북하게 여겨질 것이다.

그렇다면 사람들은 무엇을 바라고 교류회에 모이는 것일까? 비즈니스 교류회에 참가하는 이상, 업무상 어려움에 처했을 때 정보를 교환할 수 있는 상대나 서로를 자극할 수 있는 상대, 지인을 서로 소개해줄 수 있는 상대를 찾고 있는 것이다.

교류회장은 명함을 주고받느라 정신이 없어서 명함 이상의 정보를 얻기란 좀처럼 어렵다. 그래도 몇몇 사람들과 서로의 일을 소개하거나 하면 커뮤니케이션이 생겨난다. 동시에 당신의 일을 알기 쉽게 또는 기억에 남을 뭔가(키워드, 색깔, 형용사 등)로 어필하도록 하자.

인맥을 만드는 기본에 따라서, 다음날 아침에 전화나 메일로 당신이 알고 있는 것 중에서 그 사람에게 가치가 있을 만한 정보를 제공해보면 어떨까? 도움이 되지 않았을 경우에는 어떤 정보가 도움이 될 수 있는지를 물어보도록 한다. 이렇게 도움을 줘서 상대방에게 인정을 받거나 일찌감치 약속을 하고 만나러 가는 등 개별적인 인맥 형성으로 연결시켜나가는 것이다.

사소한 질문을 받았을 때는 당신이 할 수 있는 것은 모두 해 주도록 하자. 어려울 때 서로 도와야만 좋은 파트너가 될 수 있기 때문이다.

## 아이템 21 기본 자세: 끝까지 포기하지 말고, 지속적으로 품질을 고집해나간다

끝까지 포기하지 않고 일해온 경험이 당신에게 한 번이라도 있다면 그때를 떠올려보면 좋을 것이다. 하지만 이때 경험의 유무는 문제가 되지 않는다. 문제는 당신이 스페셜리스트나 뉴 스페셜리스트가 되고 싶은지 아닌지, 독립한 전문 스페셜리스트로서 향후의 인생을 행복하게 살고 싶은지 아닌지, 그것뿐이다.

계속해서 시간에 구애되면, 그 시간이 아무리 많아도 부족할 따름이다. 시간은 모두에게 다 똑같다. 수면시간을 줄인다고 해도 한계가 있다. 5년, 10년이 지나서 개인차가 벌어지는 것은 시간을 사용하는 방법이 다르기 때문이다. 행복한 인생을 꿈꾸고 싶다면 시간의 밀도를 높여야 한다.

리크루트의 경우에는 입사 다음날부터 강제적으로 개인 점포주가 된다. 이런 환경이 리크루트라는 회사의 매력이라고 나는 생각한다. 리크루트 출신의 뉴 스페셜리스트 OB들이 몸에 익힌 기술의 진정한 비밀이 바로 이것인지도 모른다.

시간의 밀도를 높이려면 구체적으로 어떻게 하면 될까? 만일 당신과 당신 회사의 목표가 1년이나 6개월 단위라면 그것을 한 달 단위로 쪼개는 것이다. 한 달마다 목표를 설정하여 달성 정도, 그리고 해낸 것과 해내지 못한 것을 정리해나간다.

이때도 PDS(Plan Do See)다. 설정은 했지만 제대로 잘 진행되지 않으면 가설과 방법의 원인들을 확인하여 방식을 바꿔보자. 한 달 단위에 익숙해졌다면 이번에는 1주일 단위, 그 다음에는 하루 단위로 잘게 쪼개 PDS의 횟수를 늘리고 속도를 높이는 것이다.

1년 단위로 능력을 1.5배로 늘리라고 하면 무슨 뜻인지 잘 감이 오지 않지만, 사흘 걸리던 일이 이틀만에 가능해졌다면 능력이 1.5배로 향상되었음을 금방 알 수 있고 성장도 실감할 수 있다. 바로 이것을 말하는 것이다.

다음에는 자기 혼자가 아니라 누군가와 함께하거나 다른 사람에게 의뢰하여 팀을 움직여보자. 관여하는 사람이 두 배로 늘어나면, 시간이 반으로 줄어드는 것은 당연하다. 그런데 예전보다도 업무의 질까지 향상되었다면 어떻겠는가? 바로 시간의 밀도가 높아진 것을 의미한다.

똑같은 일을 단기간에 해내고, 똑같은 기간 동안 더 높은 질의 일을 할 수 있다. 이것도 역시 고객에게 제공하는 부가가치를 향상시키는 방법이다.

뉴 스페셜리스트는 스페셜리스트일 뿐만 아니라, 클라이언트의 과제해결을 담당하는 비즈니스 프로페셔널, 즉 '프로 스페셜리스트'다.

프로에게는 항상 100% 이상의 성과를 기대한다. 그리고 100%만으로는 다음 의뢰가 들어오지 않는다는 사실을 알고, 최소한 120%를 목표로 해야 한다.

**3**

# 독립에 필요한 3가지 기술을 손에 넣는 방법

이제부터는 독립에 필요한 3가지 기술을 습득하는 방법에 대해서 이야기하고자 한다.

## 1) 장사를 안다

신규사업에 종사할 기회나 작은 사업이라도 사업기획과 경영기획에 관여할 기회, 또는 젊은 나이에 독립채산제의 책임자를 경험할 수 있는 곳이 있다면 좋겠지만, 그렇지 못할 경우에는 현상황에서 '장사를 아는' 기술을 몸에 익히기란 어렵다고 본다.

정말로 알고 싶으면 실제로 독립하는 수밖에 없다는 것이 결론이지만, 갑작스러운 변화로 인해 장애가 높을 경우에는 작은 회사로 한번 이직해보는 것도 좋은 방법일 수 있다. 이를테면 대부분의 뉴 스페셜리스트 OB들도 첫 발을 디딘 뒤 독립했듯이 말이다. 샐러리맨에서 갑자기 독립하려면 상당한 용기가 필요하다. 사랑하는 가족이 있다면 더더욱 그럴 것이다.

이직을 결심할 때는 그 회사에서 얼마나 경영에 가까운 일을 체험할 수 있을지를 분명히 확인하기 바란다. 예전과 별반 다르지 않은 위치라면 굳이 직장을 옮길 필요가 없기 때문이다.

또한 작은 회사는 수익 능력이 약한 곳이 많아 급여도 내려갈 가능성이 있다. 창업자금과 더불어 이직 후의 생활비 유지까지 미리 계산해두지 않으면 창업자금을 탕진해버리고 만다.

이직할 필요가 없는 사람은 자신이 속한 과 단위로 마음껏 독립채산을 해보도록 하자. 월별 매상과 이익, 경비와 원가가 얼마인지, 그리고 본부 직원의 경비와 임대료, 사회보험료 등도 대충 계산해보길 바란다.

회사의 결산수치와 상세 항목이 있으면 그것에 맞춰서 금액을 계산해본다. 그러면 지금의 회사가 어떻게 이익을 창출하고 있으며, 회사의 실적이 어떤지도 어느 정도 실감할 수 있게 된다.

그런 다음, 당신이 경영자라면 어떤 이유에서 어떤 결단을 내릴 것인지에 대해 생각해보길 바란다.


## 2) 영업력

당신이 영업직에 종사한다면 지금의 업무에서 영업력을 최대로 높이는 데 집중하면 될 것이다. 독립 후에 어떻게 하리라는 예상이 이미 세워져 있다면 영업 스타일의 차이를 조금씩 의식하면서 일에 임하길 바란다.

현재 영업직이 아닌 사람에게 영업력을 키우라고 하면 아마 난처해할 것이다. 실제로도 영업에 자신이 없기 때문에 독립하지 못하는 영업직 이외의 사람들이 매우 많은 듯하다.

독립해서 처음으로 몇몇 예상 고객들을 기대할 수 있는 경우에는 신규 영업능력은 20~30%로 하고, 그 나머지 전부는 고객이 만족할 수 있도록 그들의 요구 부응에 집중시켜야 한다고 생각한다. 클라이언트가 만족하여 그들에게 신뢰를 얻을 수 있다면, 당신이 영업하지 않아도 고객이 알아서 영업을 해줄 것이다. 비슷한 고민을 안고 힘들어하는 고객에게 '좋은 사람을 소개시켜주겠다'며 당신을 소개할 테니까 말이다.

처음에 예상 고객을 기대할 수 없는 경우에는 몇몇 예상 회사들을 찾은 뒤라면 이상적이겠지만, 타이밍이 반드시 딱 맞아떨어질 수는 없다. 이럴 때는 신규영업이 필요하다.

인터넷에 상당히 정통한 사람을 제외하고는 이메일이나 홈페이지에 대해 크게 기대하지 말아야 한다. DM 발송 등도 마찬가지다. 당신이 시작하려는 사업이 상당히 독특한 것이라면, 매스컴과 언론의 인맥을 통해서 광고하는 것이 반향을 불러올 수 있을 것이다. 돈은 들지만 인터넷에서 찾아보면 전문가를 찾을 수 있으며, 직접 매스컴 등에 문의해보는 것도 좋은 방법이다.

　사업이 그다지 독특하지 않은 경우에는 꾸준하게 해나가는 수밖에 없겠지만, 가장 먼저 권하고 싶은 것은 지인이나 과거의 거래처 등에 창업 인사를 하러 다니는 것이다.

　한동안 연락을 하지 않았던 곳을 찾아가기가 좀 거북스럽겠지만, 그런 곳들을 제외시키면 찾아갈 곳이 줄어들게 된다. 작은 것에 신경 쓰지 말고, 찾아갈 수 있는 곳들은 모두 방문해보길 바란다.

　이때는 단 한 가지 규칙이 있다. 그것은 ‘영업을 하지 않는 것’이다. 말하지 않아도 상대방은 내가 찾아간 목적을 이미 알고 있다. 그 때문에 굳이 영업을 하지 않아도 되는 것이다. 당신을 신뢰한다면 수요가 있는 즉시 바로 연락해줄 것이다.

　그 다음부터는 계절인사와 함께 근황만을 전하도록 하자. 가끔씩 기억이 나서 수요가 생기면 연락해줄 수 있도록 말이다. 과거에 알던 사람들을 찾아가는 것이 전혀 새로운 곳을 개척하는 것보다 훨씬 확률이 높다. 신규영업은 그 다음에 해도 늦지 않다.

　신규영업은 수요가 있을 법한 업계, 규모, 특징을 가진 회사를 선택하는 것에서부터 시작한다. 그리고 닥치는 대로 계속 연락해보자. 타이밍만 문제가 된다면 양해를 구해서 정기적으로 도움이 될 만한 정보를 보내야 한다. 마구잡이로 판촉시책을 펼치면 돈만 들어간다.

이렇게 해서 성공사례가 만들어졌다고 해보자. 그러면 신규 영업은 훨씬 쉬워진다. 비슷한 과제를 안고 있는 회사를 찾아가서 그 사례를 소개하면, 일정한 확률에 해당하는 회사가 있을 것이다.

개인적으로 영업경험이 전혀 없고, 지금 한 이야기만으로는 실감이 나지 않는 사람들에게는 부디 우수한 영업사원을 친구로 만들어볼 것을 권한다. 특히 신규영업에 뛰어난 사람을 사귀기를 바란다. 여러모로 배울 게 많을 것이다. 협력해주는 사이에 당신의 일을 이해하여 어쩌면 그 사람이 첫 번째 클라이언트를 소개시켜줄지도 모른다.

## 3) 돈 계산(숫자를 읽을 수 있다)

내가 독립할 때 선배들로부터 이런 말을 들은 적이 있다. "수주 예상은 어디까지나 예상이지, 수주는 아니다. 수주가 되어야 비로소 일이 시작되고, 매상은 그 다음이며, 입금은 그보다 더 뒤다."

지불사이트는 월말 합계, 다음달 입금이라는 좋은 조건을 갖추고 있다. 4월 초에 회사를 설립하고 바로 영업을 개시하여 순조롭게 월 안에 수주가 이뤄졌다고 해보자. 5월 중에 완결되는 일이라면 5월 말에 청구서를 보내고 지불사이트를 통해 6월 말에 첫 입금이 들어오게 된다. 이런 식으로 꼬박 3개월 동안은 입금이 하나도 없으며 경비를 포함하여 지출만 쌓여나간다.

당신의 급여는 없어도 된다고 해도 직원이 있는 경우라면, 그들에게 4월 말이나 늦으면 5월 말까지는 급여를 지급해야 한다. 게다가 이것은 어디까지나 일이 순조롭게 진행되었을 때 말이고 혹여 영업이 지체되거나 일이 완결되지 않거나, 구분지어 청구할 수 없거나, 지불사이트의 입금 기간이 이보다 더 긴 경우에는 실제로 3개월보다 더 길어지게 된다.

겁줄 생각은 아니지만, 독립에 필요한 자금에 여유가 없으면 마음은 있어도 자금이 이어지질 않는다. 매상은 오르고 있지만 지불이 늦어져서 흑자도산 사태가 벌어지는 것이다.

평소부터 사업과 비즈니스를 돈으로 파악하는 습관을 익히는 것과 동시에, 부기에 관한 책은 초급이라도 상관없으니까 한두 권 정도는 먼저 읽어두는 편이 좋을 것이다. 자사의 수치를 이해하고 있는 입장이라면, 수치만으로도 거래나 경영상태를 파악하는 연습을 하도록 하자.


제5장에서는 지금까지 뉴 스페셜리스트가 되기 위한 5가지 기술들을 여러분들이 놓인 현 상황의 연장선에서 몸에 익힐 수 있는 방법들을 소개했다.

나머지는 여러분이 뉴 스페셜리스트가 되는 것을 꿈꾸며 노력을 멈추지 않는 것에 달려 있다.

지금까지 소개한 것들은 전부 일을 통해 쌓아올릴 수 있는 것들이다. 뉴 스페셜리스트에게 특별한 자격 취득이 필요한 것은 아니지만, 일에서는 지금보다 더 바빠질 것으로 예상된다. 업무의 부담은 커지지만 5가지 기술과 21가지 아이템을 빨리 습득할 수 있다.

제4장에서 이야기한 마루야마씨의 말 가운데 "아무리 열심히 하려고 해도, 인간의 한계는 훨씬 더 위에 있다"는 표현이 있었다.

기존에 사흘 걸리던 일을 이틀만에 할 수 있도록 하자. 이틀만에 해결하기 위해서는 남들과 다른 새로운 아이디어를 생각해내고 새로운 사람들을 개입시킬 필요가 있으며, 지난번에 같은 일을 했을 때보다 훨씬 더 바빠질 것이다. 그러나 결과적으로는 실력이 붙어서 똑같이 사흘이라는 시간이 주어지더라도 이번에는 난이도가 더 높은 일을 맡을 수 있게 될 것이다.

그러면 남은 하루의 절반은 그 다음에 필요한 공부에 사용하고, 나머지 절반은 개인적인 시간으로 충당할 수 있다. 4명의 뉴 스페셜리스트 OB에게 사생활에 대해 물어보았을 때, 가족이 있는 사람은 가족과 함께 보내는 시간을, 미혼인 사람은 혼자만의 시간을 매우 소중히 여기고 있음을 알 수 있었다. 일과 사생활을 충실히 하는 것은 반드시 상반되는 것이 아니다.

당신이 일 벌레든 생활 중시파든, 뉴 스페셜리스트가 됨으로써 당신에게는 행복한 인생이 펼쳐질 것이다.

# 좌담회: 당신도 뉴 스페셜리스트가 될 수 있다!

Become a New Type of Specialist!

## 마루야마 다카히로丸山貴宏

### (주)크라이스 앤드 컴퍼니 대표이사

사업 내용: 헤드헌팅사업, 인재소개사업, 인사 · 채용 컨설팅 업무.
1986년 (주)리크루트 입사. 채용 및 인사담당자로서 중도 · 신규 · 유학생 채용, 고과제도 등을 다채롭게 경험. 특히 중도채용의 제1인자로 알려져 있다. 영업을 경험하고 1993년 3월에 퇴사. 리크루트 선배가 설립한 주택설비 판매회사의 업무를 도와준 뒤, 같은 해 11월에 (주)크라이스 앤드 컴퍼니를 설립하며 독립.

## 아키야마 스스무秋山 進

### 자유계약자(IC)협회 이사장

서비스 내용: IC를 위한 생활 및 비즈니스 지원, IC 재개 지원 등.
1987년 (주)리크루트 입사. 사업 · 상품개발, 전략책정 등에 종사. 1998년부터 IC로 엔터테인먼트 · 인재 관련 유수 기업에서 CEO 보좌, IT 관련 기업의 경영기획집행이사로 경영전략의 입안과 실시를 맡음. 현재는 여러 기업의 사업개발 · 마케팅전략 입안 · 실행, 컴플라이언스(compliance) 교육, CEO 보좌 등을 담당하고 있다. 2003년, NPO조직 IC협회 설립.

## 기리하라 후미히코桐原文彦

### 아르고너트(주) 대표이사

사업 내용: 개인 또는 팀에 의한 프로젝트 단위(기간 한정)의 아웃소싱 서비스.
1986년 (주)올림포스 입사. 인사채용담당자로서 중도채용 등, 리크루트의 광고제작 창구 역할 담당. 그 뒤에 원래 하고 싶었던 영업직을 경험. 퇴사하고 독립계열 컨설팅 회사에서 프로젝트 매니저로 대기업과 중소기업의 컨설팅을 실시. 그 뒤 연고를 통해 뉴질랜드에서 오피스서비스 사업 개시. 2년 만에 사업을 접고 귀국. 벤처기업에서 신규사업기획을 경험하고 2002년 1월에 아르고너트(주) 설립.

## 사회 다케다 요시노리武田齊紀

### 브라이트사이드 코퍼레이션 대표이사

## 뉴 스페셜리스트란 스페셜리스트의 진행형

다케다: 바쁘신 와중에 오늘 이렇게 다들 모여주셔서 감사합니다.

좌담회의 주제는 두 가지입니다. 하나는 앞으로 스페셜리스트나 뉴 스페셜리스트를 꿈꾸는 사람들과 비즈니스 단체로서 스페셜리스트를 응원하는 입장에 있는 모든 분들에게 메시지를 부탁드리고 싶다는 것입니다.

그리고 또 하나는 리크루트 OB이기도 한 마루야마씨와 아키야마씨에게 리크루트 사원이 회사를 그만두어도 행복해질 수 있는 이유에 대해서 각각의 의견을 듣고 싶습니다. OB가 아닌 기리하라씨에게는 원래 리크루트의 중도채용정보지인 〈B-ing〉의 고객 측 창구 역할도 하셨고, 리크루트 사람들과의 많은 교류도 있기 때문에 외부에서 바라본 기탄 없는 느낌과 의견을 듣고 싶습니다.

아키야마: 이야기를 시작하기 전에 잠시 한마디해도 될까요?

다케다: 예, 그렇게 하세요.

아키야마: 스페셜리스트라는 말이 아무래도 좀 신경이 쓰여서요. 흔히 사용되는 이미지와 여기서 말하는 의미가 좀 다른 것 같은데요.

일반적으로는 좁은 세계의 전문가로, 그 밖의 것은 모른다는 이미지가 있지 않나요? 넓은 의미로는 고객의 가치창출을 위해 특정 분야의 지식과 기술을 사용할 수 있는 사람이지만, 전자의 의미라면 이직시장에서는 좀처럼 살아남기 힘들다는 이야기가 됩니다.

다케다: 그렇군요, 제가 이 책에서 말하고 있는 스페셜리스트는 넓은 의미에 해당됩니다.

제 나름대로 '남에게 뒤지지 않는다고 믿는 하나의 전문분야를 갖고 있거나 조합된 전문성을 갖추고 있는 사람으로, 조직에 속해 있는지의 여부와는 상관없다'고 재정의내렸습니다. 전문분야란 고객의 가치창출을 위한 전문성이라는 전제입니다.

또한 '남에게 뒤지지 않는다고 믿는다'와 '조합된 전문성'이라는 표현에도 의미가 있는데, 누구에게도 증명할 수는 없지만, 남보다 뛰어나다고 믿는 자신의 마음가짐이 중요하고, 전문성에 관해서도 좁게 한정되어 있는 것이 아닙니다. 몇 개의 분야를 조합해도 상관없는 것입니다.

뉴 스페셜리스트로서 저의 존재도 하나의 전문성만을 취하여 남보다 뛰어나다고 여기는 것이 아니라, 여러 개의 분야를 조합하여 고객에게 새로운 가치를 제공할 수 있다고 생각하는 것이죠.

마루야마: 맞습니다. 저도 처음에는 좁은 의미의 이미지가 있어서, 다케다씨로부터 취재요청을 받았을 때, "어? 나는 (좁은 의미의) 스페셜리스트가 아닌데도 되나요?"라고 되물었어요. 지금처럼 설명을 듣고 나서 납득했습니다.

기리하라: 회사 명함에 '스페셜리스트·아웃소싱'이라는 소개문구가 새겨져 있습니다만, 스페셜리스트라는 것은 비즈니스 프로페셔널이라는 의미로, 마인드 부분이 더 크다고 여겨집니다. 프로로서 혼자 살아갈 수 있는 힘을 가진 사람이지요.

## 리크루트 OB가 가지고 있는 스페셜리티

아키야마: 알겠습니다. 저……, 리크루트의 OB라고 하면 전문

성에서는 모두들 나름대로의 스페셜리티(specialisty)를 가지고 있습니다. 하지만 그 수준이 어느 정도인가 하면 '상'은 되지만, '특상'은 아니라고 봅니다. 예를 들면, 편집에서도 문장이 더 훌륭하거나 책을 더 잘 만드는 사람이 세상에는 존재합니다.

그렇다면 어떻게 다양한 분야에서 활약하고 있는가에 대해서 제 나름대로 3가지 이유를 들면, 첫 번째는 다른 문화에 대한 이해입니다. 리크루트는 각각의 사업부가 마치 다른 회사처럼 독립되어 있는데, 갑자기 여러 부서로 이동해야만 할 때는 다른 문화 속에 내던져지는 것과 같습니다. 그런 환경에서 살아가기 위해서 현재 상황을 파악하는 대단한 능력이 생긴 것이라고 여겨집니다.

두 번째는 질서 형성력이랄까. 카오스 속에서 가능한 것부터 끄집어내어 오더로 바꿔나가는 것과 같은 탄탄해지는 실무능력 말이죠.

세 번째는 OB를 포함한 네트워크가 있다는 게 아닐까요.

다케다: 이 책 속에 나오는 도네 고지 씨도 리크루트 책을 편집했는데, 외부로 진출했을 때 그것만으로는 부족할 것 같아 시판잡지 쪽으로 부서를 옮겼다고 했습니다. 시판잡지 분야에서 더 예쁘게 책을 만드는 사람이 있을지도 모르지만, 책을 비즈니스로 성공시키는 것은 리크루트의 카오스 속에서 몇 번이고 계속해서 되풀이하여 몸에 익히기 때문입니다.

아키야마: 스페셜리티의 기본은 중요한 것이지만, 그 스페셜리티를 고객의 가치창출과 과제해결이라는 흐름 속에 적용시킬 수 있는 능력 때문에 리크루트 출신자들을 대단하게 느끼게 합니다. 따라서 협소한 스페셜리티의 세계라고 할까, 닫힌 틀에 빠지지 않

습니다.

마루야마: 비즈니스 스페셜리티를 말하는 거겠죠.

## 시대의 흐름인 스페셜리스트

다케다: 먼저 첫 번째 주제에 관한 것입니다. 바야흐로 뉴 스페셜리스트를 포함하여 스페셜리스트의 시대가 된 걸까요? 어떻게 실감하시는지요?

마루야마: 현 상황에서 그렇지 않으면 살아나갈 수 없기 때문에, 모두들 그렇게 의식하고 있는 게 아닐까요? 그렇지 않은 사람들은 발버둥치면서, 그렇게 되려고 노력하고 있습니다.

스페셜리스트로서 독립을 꿈꾸는 사람들이 많아지고 있고, 10년 전에 제가 지금의 회사를 설립했을 당시와 비교하면 이직하는 사람들이 압도적으로 증가했습니다.

아키야마: 스페셜리스트는 예전부터 있었다고 생각합니다. 다만 유동화가 진행되고, 스페셜리스트들이 이직시장에서 가치가 있기 때문에 눈에 띄었을 뿐이 아닐까요?

예전에는 회사에 계속 남는 것이 보통이었기 때문에, 스페셜리스트와 제너럴리스트(generalist)의 대비에서는 제너럴리스트 쪽이 위였지만, 이직시장에 진출했을 경우, 기업 내의 제너럴리스트는 별로 가치가 없고, 다른 회사에서도 통용되는 스페셜리스트의 인기가 더 많습니다.

기업 안에 갇힌 세계에서는 제너럴리스트가 사람들을 통솔하는 힘이 있어서 더 가치가 있지만, 이직시장으로 나가면 회사에 따라

통솔력이 다르기 때문에, 차기 회사에서도 통솔할 수 있을지의 여부는 불확실합니다.

**마루야마:** 개인과 기업의 관계가 극적으로 변화하고 있습니다. 자립적인 관계에서 자연스럽게 서로 밖을 내다보았죠. 그 때문에 스페셜리스트가 눈에 띠게 된 것이 아닐까요. 나도 스페셜리스트는 옛날부터 존재했다고 봅니다.

**다케다:** 즉, 원래부터 존재했지만 회사와 개인의 관계 변화, 그리고 인재의 유동화에 따라서 스페셜리스트가 모두의 화제가 된 것이라는 뜻이 되겠군요.


## 기업의 의식이 변했다

**기리하라:** 기업 측의 의식 변화는 많이 느껴집니다. 2년 전에 제가 지금의 회사를 시작했을 때는 "스페셜리스트를 프로젝트 단위로 제공합니다"라고 말해도, "그게 뭐야?" 하는 식으로 받아들여졌습니다.

하지만 지금은 의식이 크게 바뀌었어요. 저희 회사는 IC(자유계약자), 재직중인 사람, 이직활동중인 사람 등, 다양한 사람들을 최적의 조건으로 조합하여 제공하고 있는데, 이제는 기업 측이 그것에 대한 저항감을 나타내지 않습니다.

**아키야마:** 기업과 직원의 관계에서 말하면, 사람을 중심으로 한 컴퍼니(company, 회사)에서 고객에게 가치를 제공하기 위한 장치로서의 엔터프라이즈(enterprise, 기업)화가 진행되고 있는 것이 큰 흐름이라고 할 수 있습니다.

예전만큼 사람이 많지 않기 때문에 엔터프라이즈화가 진행되면, 단기 프로젝트의 경우에는 외부에서 빌려오는 편이 더 나아진다는 얘기가 됩니다.

다케다: 기업과 인재 측 모두 스페셜리스트에 대한 의식 변화가 진행되고 있지만, 일본의 근무방식으로는 정사원을 전제로 한 신규·중도채용이 아직 주류를 이루는 것 같습니다.

아키야마: 일본이기 때문에, 또는 미국이기 때문에는 아닌 것 같은데요. 미국기업에서는 여러 사람들이 교체되어도 회사는 기본전략(grand strategy)이 명확하며, 하나하나의 업무가 규격화되어 있습니다.

게다가 그것들을 통합하는 윗사람에게 인사권이 주어져서, 목표달성에 필요한 스태프를 소집하거나, 멤버들에게 "내 말을 듣지 않으면 해고다"고 말할 수 있습니다. 그 때문에 사람이 교체되어도 제 기능을 하는 거죠.

하지만 대부분의 일본기업들은 조직의 그랜드 스트래티지가 없는 가운데서, 사원들끼리 얼굴을 마주 보며 나누는 커뮤니케이션을 통해 매일 자동으로 조정해나갑니다. 그런 방식으로 성장해온 기업이 많다는 뜻이죠.

다케다: 금방은 바뀌지 않는다는 뜻이군요.

아키야마: 미국이니까 이렇고, 일본이니까 그렇다기보다는 산업구조의 차이가 크다고 봅니다.

제조업체에서 사람들이 계속해서 바뀐다면, 정밀기기와 시계와 같이 정확한 것들은 만들 수 없을 겁니다. 한편, IT 산업 혹은 영화

와 엔터테인먼트 계열 회사 등은 단기적으로 모인 프로젝트형
으로 일하기 쉽습니다. 결국 일본과 미국의 차이는 국가의 중심
산업이 무엇이냐에 따른 것이라고 생각합니다.

그 축소판은 일본의 도쿄와 오사카의 차이에서 찾을 수 있습니
다. 도쿄는 매스컴과 IT 산업 때문에 IC도 많습니다. 한편, 오사카
는 역사적으로 중후하고 거대한 산업이 중심이었기 때문에 IC가
적습니다. 적다고 해서 뒤쳐져 있다는 것이 아니라, 상당 부분이
산업구조의 차이에서 비롯된 것이라고 봅니다.

**마루야마:** IC 도입은 진행되고 있지만, 한편으로 정사원에게 기
대하는 부분 자체는 없어지지 않을 거라고 생각합니다. 기업의 가장
마지막 파워는 충성심이랄까, 정신 같은 것입니다.

IC와 같이 외부 사람은 스페셜한 일에 대해서는 프로로서 최대
한의 실적을 올려주기도 하지만, 회사가 큰일을 겪었을 때라든
지…….

**다케다:** 다 같이 힘을 모아야 할 때라든지!

**마루야마:** 네, 그럴 때는 정사원이면서 회사에 애정을 갖고 있는
사람이 아니면 통하지 않습니다. 회사의 중심에 있어야 할 코어(중
핵)적인 부분이 반드시 존재하지 않으면 안 되죠.


## 외부 스페셜리스트에 대한 인식과 한계

**기리하라:** 산업구조와 업종에 따른다는 이야기를 하셨는데, 직
종도 있다고 생각합니다. 우리가 주로 담당하는 경영관리 쪽 일은
아직 외부에 맡기려고 하지 않습니다. 마루야마씨가 말씀하신 것

처럼 코어라는 이유 때문에 말이죠.

하지만 회사에 대한 충성심 같은 것은 없어도 일에 대한 달성 의식이 강하면, 경영관리계에서도 IC 등의 외부 인재를 활용하는 방법이 있다고 생각하며, 실제로 그런 사례들도 늘어나고 있습니다.

다케다: 경영관리계라고 하면, CEO(최고경영책임자)는 외부 인재 도입이 진행되고 있습니다.

아키야마: CEO 쪽이 오히려 외부 인재를 도입하기 쉬워요. 주주가 CEO를 신뢰하고, 그 사람에게 현장의 지휘권을 모두 위임하는 한, 자신이 전략을 짜고 실행할 수 있도록 가능한 사람들을 모을 수 있으니까요. 대주주로부터 확실한 위임을 받는 것이 중요합니다. 그렇지 않으면 사원과 OB, 그리고 말이 많은 사람들 때문에 흔들려버립니다.

일본의 임원급의 경우(외부 인재 도입 시)에는 권한을 부여받을 수 없습니다. 결국 조정하는 역할, 위와 아래를 보면서 움직이기 때문에 제 기능을 못 하는 거죠. 확실한 역할과 권한을 주지 않으면 바로 이렇게 됩니다. 일본과 미국이라는 문제가 아니라 조직 양상의 문제라고 생각합니다.

기리하라: 저는 미국과 일본의 차이를 느낄 때도 있어요. 사업재생펀드와의 교류가 있는데, 일본의 경우, 재생을 위해 내보내는 CEO와 CFO(최고재무책임자)들은 파견이 아니라 이적을 전제로 보내달라고 합니다.

2~3년 기한으로 끝내야 하는 일임에도 불구하고, 재생지원을 받는 측에서는 뼈를 묻을 각오로 회사에 올 것을 요구합니다. 소속

이 확실하지 않으면 받아들이는 측에서 불안하다면서 말이죠. '로열티(loyalty)를 갖지 않은 사람은 곤란하다' 는 의식이 재생펀드에도 존재합니다.

마루야마: 어딘가 메인 조직에 속해 있으면서 그곳의 보증이 없으면 불안하다는 거죠.

기리하라: 재생펀드 자체도 자기 쪽에 로열티를 갖길 바라며, 외부 인재에게 일단 재생펀드의 사원이 될 것을 요구하기도 합니다.

마루야마: 우리(재생펀드)의 이해관계에 따라 일해달라는 거죠.

다케다: 외부의 스페셜리스트가 해낼 수 없는 범위나 직종이라는 것이 있나요?

아키야마: 클라이언트 본체와의 접속부분의 조정이 적어도 좋은지에 관한 규칙이 명확하지 않은 업무라면 곤란합니다. 예를 들면 신규사업개발 기획은 할 수 있지만, 실행 베이스가 되면 저희로서는 불가능해요. 본체의 실행부대와 조정이 필요해져서 그 이후는 그쪽에 맡길 수밖에 없어요. 그리고 인사이동에 관한 것도 마찬가지구요. 어차피 외부에서 온 사람은 외부인이기 때문에 사내에 관한 일들을 자세히 알 수 없는 관계로 이동은 불가능합니다.

다케다: 채용, 리크루트도 못 하는 거네요.

마루야마: 채용도 결국은 못 합니다.

다케다: "나를 따라와"라고 말할 수 없기 때문이죠.

마루야마: 저절로 한계가 생겨버리죠. 외부 사람이라는 이유 때문에요.

## 스페셜리스트의 이상적인 근무형태

다케다: 좀더 많은 것을 하고 싶으면 그 회사에 들어가면 되는 거네요. IC로 일하고 싶으면 회사를 그만두고 외부 스페셜리스트로 일하고, IC의 한계를 넘고 싶으면 그대로 사원이 돼서 내부 스페셜리스트가 되는 거죠.

자유롭게 IC도 되고, 사원도 될 수 있다는 것은 이상적인 것 같습니다. 하지만 이직 횟수가 많아도 사원으로 받아줄까요?

마루야마: 어려울 때도 있습니다. 아직도 인재를 소개할 때, 암암리에 '이직 횟수는 몇 번까지'라고 요구하는 인사부 사람들도 있습니다. 이직 횟수가 너무 많으면, 정사원 채용에서는 그다지 좋은 인상을 주지 못합니다. 직업관이 다르다고 생각해버리죠.

다케다: 계약기간 6개월 동안에 실적을 올리면 "그냥 남아달라"며 정사원으로 받아들여지는 경우도 많은 것 같습니다. 하지만 오히려 정사원 계약을 맺지 않고 일하면 몇 군데의 회사를 경험해도 직함을 그때마다 바꾸지 않아도 되죠. 외부 스페셜리스트의 한계를 넘고 싶을 때만 정사원을 희망하면 되죠.

마루야마: 사원과 똑같이 일을 하면서 혼자만 업무위탁의 외부 스페셜리스트라면, 실제로 멤버들이 그 사람의 말을 들을 것인가 하는 문제는 있습니다. 어차피 업무위탁이라고 여기고 말이죠. 어떤 일을 개시하여 팀으로 일을 맡는다면 몰라도요.


## IC형 스페셜리스트의 현황

기리하라: 아키야마씨가 설립한 IC협회에는 어떤 직종의 사람들

이 많이 등록하나요?

아키야마: 인사, 교육, IT 엔지니어, WEB 계열, 마케팅, 신규사업, 지적재산권, IPO(기업 공개)의 전문가 등 여러 직종의 사람들이 있습니다.

기리하라: IC분들이 중히 여기는 것은 뭔가요?

아키야마: 사람에 따라 다릅니다. 너무 좋아하는 연극을 보러 가고 싶어서 근무를 주 3일로 하는 사람도 있어요. 물론 수입은 줄어들겠지만 말이죠. 하고 싶은 것을 하다보니 회사의 경계를 넘어버렸다는 사람이나 직접 업무 의뢰를 받아 일하기 때문에 IC 쪽이 돈벌이가 더 좋다는 사람도 있습니다.

단기적으로는 돈을 벌지만 내년에도 일이 들어온다는 보장은 없기 때문에, 그 점을 전부 비교하지 않으면 수지가 맞는지, 안 맞는지 단순하게 비교가 안 됩니다. 사람마다 생각하는 것이 다 틀려요. 회사에서 근무하는 것이 그냥 싫다고 하는 사람도 있습니다.

기리하라: 프로젝트 단위의 일을 찾고자 우리 회사에 등록하러 오는 사람들은 대개 뭔가 재미있는 일이 없을까 해서 찾아오는 경우가 많아요. 정작 자신은 엄청나게 바빠서, 밤 11시 정도에 인터뷰를 희망하면서 말이죠. "그래서는 다른 일도 못 할 텐데요"라고 말해줍니다.

전원: (웃음)

기리하라: 그래도 굳이 하고 싶다고 하죠.

다케다: 지금 다니는 회사를 그만둘 생각은 없는 건가요?

기리하라: 그만둘 생각은 없어요. 없지만 재미있는 일을 하고 싶

어하는 일정수의 사람들이 있습니다.

마루야마: 그럼, 그런 일을 하면 겸업이 되는 건가요?

기리하라: 그렇습니다.

다케다: 미래에 대한 불안 때문이겠죠. 지금 하고 있는 일을 계속할 수 있을지, 없을지에 대한 …….

아키야마: 회사일로 충족되지 않는 부분이 있을 겁니다. 전력 투구할 만큼의 능력이 필요 없다든지 말이죠. 그렇기 때문에 다음에 어디로 가야할지를 몰라서 상담을 받으러 옵니다.

기리하라: 그래서 일이 잘 진행되면 그 다음에는 독립해도 괜찮을지 탐색전을 펼치는 거죠.

아키야마: 예비 IC 군단이군요.

기리하라: 네, 맞아요.

다케다: 아키야마씨는 왜 IC가 되셨나요?

아키야마: 난이도가 지금보다 더 높은 프로젝트를 여러 개 맡고 싶다는 생각에서였어요. 그 결과 이렇게 되었습니다. 막상 해보니까 계약을 맺은 수만큼이나 일의 성격도 다르고, 머리를 쓰는 방법이나 커뮤니케이션 방식도 다릅니다. 힘들지만 재미있습니다.


**독립의 걸림돌은 줄어들고 있다**

다케다: 옛날과 비교해서 독립의 장애물은 감소하고 있다고 생각합니다.

마루야마: 옛날에 비해 독립하는 사람들이 많아져서 그런 건가요?

아키야마: 정도의 문제인 것 같기도 합니다. 두세 번 이직을 하

면, 이직과 독립의 차이는 별로 없어지는 게 아닐까요. 이직 자체도 어려워질 것이고…….

여러 번 이직을 하다보면 다양한 네트워크가 형성되고, 독립해도 일을 의뢰받을 수 있거나 자신은 어떤 환경에서도 어떻게든 해낼 수 있을 것 같은 자신감이 생깁니다.

다케다: 적응력이 생기는 거네요.

아키야마: 그래서 장애물이 줄어드는 거죠. 하지만 한 회사만 경험하고 바로 독립하려고 하면, 가족들도 괜찮겠냐고 물어볼 겁니다.

마루야마: 첫 번째와 두 번째는 전혀 다릅니다. 이직도 마찬가지기 때문에, 저희 회사에서는 처음 이직하는 사람에 대한 지원에 유의하고 있습니다. 이직이 내정되어도 '역시 가지 않는 게 낫겠다'고 마음을 바꾸는 경우도 있기 때문에 말이죠.

다케다: 리크루트 OB는 리크루트를 퇴사하고 바로 독립한다는 인상이 없진 않은가요?

아키야마: 저는 리크루트를 퇴사하고, 바로 모 대기업의 상근고문으로 일했습니다. 사원은 아니었기 때문에 이쯤되면 독립했다고 말할 수도 있지만, 한 회사와의 관계가 깊어져서 그 회사 직원이 된다고 해도 별로 거부감은 없었어요.

다른 회사의 일도 할 수 있는 입장이었기 때문에, 상황을 봐가면서 다른 업무도 맡아서 하다보니 어느새 많은 회사의 업무를 담당했습니다.

마루야마: 저도 한 번 리크루트 OB가 경영하던 회사로 이직한 적이 있었죠.

다케다: 저도 독립하기 전에 일단 다른 회사에서 일한 적이 있습니다. 그렇다면 신규채용으로 입사한 리크루트 OB가 회사를 그만두고 바로 독립한다는 것은 어디까지나 상상이지, 실제로는 그렇게 할 수 없는 거네요.

마루야마: 그래도 지금이 독립하기 더 쉬울지도 몰라요. 제가 독립했던 약 10년 전에는 OB들 가운데 그런 사람이 별로 없었어요.

그런데 최근에는 저희들 같은 역할 모델이 있지요. 실은 리크루트 재직 당시의 상사가 나보다 나중에 독립했는데 왜 독립했냐고 물었더니, "마루야마도 하는데, 나도 할 수 있다고 생각했다"고 하더군요.

전원: (웃음)

다케다: 독립한 사람 가운데 지인이 있으면 든든해지나요?

아키야마: 느낌부터가 완전히 다릅니다.

다케다: 마루야마씨를 포함해서 이번에 취재한 분들 가운데 신규채용으로 리크루트에 처음 입사했을 때부터 언젠가 반드시 독립하겠다고 마음먹은 분들은 한 사람도 없었습니다.

하지만 앞으로 어떻게 해야 할지를 진지하게 생각했을 때, 문득 깨닫고 보니 주위에 독립한 사람들이 있다는 사실에 자극을 받게 됩니다. 이런 현실이 중요한 것이죠.


**'스스로 기회를 창조하고, 그 기회를 통해 자신을 바꾸라'는 사훈**

다케다: 제가 느끼기에 아키야마씨는 리크루트에 다니면서, 자신이 상당히 좋아하는 일을 해왔다는 이미지가 아주 강합니다.

아키야먀: 좋아했다고 할까, 리크루트의 사훈이었던 '스스로 기회를 창조하고, 그 기회를 통해 자신을 바꾸라' 는 것을 끊임없이 지속했다고 할까, 지금도 그렇게 하고 있거든요. 그래서 리크루트를 퇴사한 지 몇 년이 지난 지금도 나는 리크루트 그 자체입니다.

'스스로 기회를 창조하고, 그 기회를 통해 자신을 바꾸라' 는 행동을 계속해서 했더니, 더 이상 리크루트에 있을 수 없어졌습니다. 리크루트에서는 내가 하고 싶은 것을 거의 다했기 때문에, 회사에도 나름대로 은혜를 갚았다고 생각했구요.

그리고 신규사업개발로 말하면, 리크루트에는 고정 유형이 있어서 그 유형만으로는 계속해서 자신이 능력 있는 기획자라고 생각하기란 어려워집니다. 그 유형을 뛰어넘으려고 해도 사내에 걸림돌이 너무나 많고, 다른 유형을 시도하려면 밖으로 나갈 수밖에 없었습니다.

마루야마: 리크루트 OB인 링크 앤드 모티베이션의 대표 오자사 요시히사小笹芳央 씨도 똑같은 말을 했습니다.

아키야마: 리크루트의 정신을 지닌 사람을 제 마음대로 '리크루트' 라고 부르고 있습니다. '리크루트' 인지, 아닌지는 리크루트의 재적 여부와 상관이 없다고 생각합니다.

이런 생각을 저는 현직에 계신 분들에게 실례가 되지 않도록 '컨저버티브 리크루티즘(Conservative Recruitism)' 이라고 부르고 있습니다. 컨저버티브란 생각이 보수적인 것이 아니라, 옛날 그대로의 리크루티즘인 '스스로 기회를 창조하고, 그 기회를 통해 자신을 바꾸라' 를 몸소 실천하고 있는 사람을 말합니다. OB인 주제에 마음대로 말해서 대단히 주제넘습니다.

다케다: 밖에 나가도 지금까지 자신의 재산만을 가지고 살아가는 사람은 '리크루트'가 아니군요.

마루야마: 그런 사람은 리크루트 사내에서도 '리크루트'라고 부르지 않습니다.

다케다: 기리하라씨, 이런 얘기를 듣고 어떤 생각이 드시나요?

기리하라: 인재 비즈니스 업계에 있다보면 리크루트 OB들이 많아서, 고객들한테 "기리하라씨, 전에 리크루트에 다니셨나요?"라는 질문을 받는데, 기분이 아주 나쁘죠.

전원: (웃음)

기리하라: 리크루트 출신이 아니라도 비즈니스를 창조하는 사람은 있으니까요.

아키야마: 리크루트 출신이 아니더라도 저는 "어, 이 사람 리크루트다"고 말합니다.

전원: (웃음)

기리하라: 리크루트 출신 IC들이 많은 것 같은데, 저는 IC가 되지는 못할 것 같습니다. 혼자서는 외로워서요. 저에게 독립이란 조직을 만들어서 크게 키우는 것이었습니다.


## '리크루트 OB'는 다 똑같다고 여기는 생각의 위험성

아키야마: 리크루트라는 것과 IC는 관계가 없습니다. '스스로 기회를 창조하고, 그 기회를 통해 자신을 바꾸라'를 몸소 실현시키고 있느냐, 없느냐일 뿐이죠. 능동적으로 움직여서 스스로 기회를 만

들고 열심히 노력함으로써 자기 자신을 변화시키며, 계속 성장시
켜나가는 그런 삶의 방식을 말하는 겁니다.

마루야마: 그렇게 살아가면 가정주부도 리크루트입니다.

다케다: 과연 이해하기 쉽군요. 리크루트, 컨저버티브 리크루티
즘이라는 것이 정말 재미는 있습니다만, 밖에서 바라봤을 때는 어
떨까 싶은데요?

기리하라: '스스로 기회를 창조하고, 그 기회를 통해 자신을 바꾸라'
는 말은 리크루트 이외에도 좋아하는 사람들이 많이 있습니다. 저도 다
른 사람한테서 듣고는 '어, 이 말 정말 좋다'고 느꼈습니다.

이것을 인용해서 저희 회사가 목표로 하고 있는 것은 '스스로 기
회를 창조하고, 그 기회를 통해 사람을 바꾸라'는 것입니다. 나 자
신부터 바뀌지 않으면 안 되겠지만, 자신을 바꿔나가는 사람들을
많이 만들고 싶습니다.

리크루트 사원에 관해 말하면, 뭔가 착각하고 있는 리크루트들
도 많이 있습니다. 리크루트에 다닌다는 것이 자기가 유능하다는
뜻으로 생각하는 사람 말이죠. 최근에는 특히 고객들의 기대를 뛰
어넘는 사람이 줄어든 것 같기도 합니다.

아키야마: 기리하라씨가 요구하는 수준도 높아진 것이 아닐까
요?

기리하라: 게다가 리크루트 OB들 중에는 모든 것을 리크루트에
서 배웠다고 말하는 사람이 있는데, 저로서는 굉장한 반발심이 생
깁니다. 리크루트에서 모든 것을 배울 수 있다고 생각하고 있는 거
죠. 그럴 때마다 리크루트에서 배울 수 없는 것도 있다고 말하고 싶

어집니다.

다케다: 정말 그건 이상하군요. 실제로 리크루트에 다니는 것만으로는 한계가 있다고 여겨서 나가는 사람들도 많은데 말이죠.

기리하라: 다른 회사의 경우도 마찬가지입니다. 그 회사에서 뭐든지 배울 수 있다고 생각해선 안 됩니다.

마루야마: 리크루트의 OB라고 해도 여러 종류의 사람들이 있는데, 다들 똑같다고 보는 경향이 있어요. 대단히 위험한 일이며, OB나 현역들도 이런 사실에 편승하거나 좋아해서는 절대 안 됩니다.

기리하라: 그래도 정말 대단하다, 정말 열심히 일한다고 느껴지는 사람들의 경력을 보면, 리크루트라고 적혀 있곤 해서 고개가 끄덕여지는 때도 많습니다.


## 뉴 스페셜리스트를 응원하고 싶다

다케다: 스페셜리스트가 되고자, 그리고 뉴 스페셜리스트로 나아가고자 생각했을 때, 마루야마씨의 크라이스 앤드 컴퍼니에 가면 커리어 컨설팅과 이직할 회사를, 아키야마씨의 IC협회에 가면 독립지원과 생활안정을, 기리하라씨의 아르고너트에 가면 구체적인 프로젝트 소개를 받을 수 있는데, 그 각각의 서비스에 대해 좀더 자세히 알려주시기 바랍니다.

마루야마: 저희 회사는 이직할 회사를 알선하는 최종 활동은 물론 IC가 좋은지, 이직이 좋은지에 대한 앞 단계부터의 상담을 시작할 수 있습니다.

매월 주제가 정해진 커리어 상담회를 개최하고 있어서, 이를 계기로 계속적인 상담을 해나갈 수도 있습니다.

다케다: '이런 자세로 임하길 바란다'는 것이 있나요?

마루야마: 일방적으로 이쪽 얘기만 들으려고 하는 정보수집파는 곤란합니다. 그저 정보가 필요할 뿐이라면 인터넷에서 검색해도 됩니다. 좀더 자신에 대한 이야기를 해준다면 그 사람에게 맞는 정보를 제공할 수 있습니다.

기리하라: 일방적으로 자기 이야기만 계속하고 돌아가는 사람은 없나요?

마루야마: 있지요. 자랑만 늘어놓고 기분 좋게 돌아가는 사람이 대표적이죠. 저희도 질문 방식을 여러모로 궁리하지만…….

다케다: IC협회는 어떤가요?

아키야마: IC협회는 IC들의 상호 협력단체입니다. 기업에 근무하면 병으로 쓰러지거나 입원을 해도 기업이 어떻게든 도움을 주지만, IC의 경우에는 아무도 도와주지 않습니다. 병으로 쓰러지면 반년이나 1년 동안 수입이 전혀 없는 경우도 있을 수 있기 때문에, 모두 함께 단체보험에 들기도 하구요.

계약서를 교환할 때도 옛날에는 문의를 하면 법무 담당자가 대답을 해줬지만, IC가 되니까 상담자가 없더군요. 그리고 세무 상담도 그렇고, 스터디 같은 것도 그렇습니다.

IC가 되면 힘든 부분들이 많아요. 저를 포함해서 협회 사무국 멤버들 중에는 IC 경험자가 있기 때문에 모두들 무엇으로 힘들어하는지 알고 있어 우선은 기본 메뉴를 갖추고 있습니다. 앞으로 더 늘려나갈 생각입니다.

회원도 많아졌고, 사회적으로도 많이 알려졌기 때문에, "협회에 이런 사람은 없나요?"라고 기업에서 문의도 들어옵니다. 저희 협회는 영리단체가 아니기 때문에 그 사실을 회원들에게 전하고, 나머지 부분들은 프로로서 직접 해나가길 바라고 있습니다.

다케다: 협회를 설립한 계기나 배경은 무엇인가요?

아키야마: 제가 갑자기 병이 나 열흘 정도 39도의 고열로 고생한 적이 있었어요. IC가 된 지 2년이 좀 지났을 때였는데, 7일째 되던 날에는 새로 일하게 된 CEO와 처음 만나는 중요한 미팅이 잡혀 있었지요.

클라이언트는 저와 계약을 했기 때문에 제가 가지 않을 수는 없었습니다. 몇 시간만 버틸 수 있는 주사를 맞고 나갔지요. 그때 무척 불안함을 느꼈고, 뭔가 보장 시스템을 만들지 않으면 안 되겠다고 생각했습니다.

IC 초창기에는 모두가 보장 같은 것은 필요 없다고 생각합니다. IC들은 원래 건강한 사람이 많아서, 병 같은 것은 나지 않는다고 믿기 때문에 말이죠.

하지만 그러다가 갑자기 쓰러지는 겁니다. 오랫동안 IC로 일하고 있는 사람은 이 사실을 잘 알고 있기 때문에, 보험에 관한 것이라면 꼭 들고 싶다고 말합니다.

그 점만 제외하면, 제 자신은 이렇게 일하는 것이 즐겁고, 일하기 좋은 방식이라고 생각합니다. 이렇게 일하는 방식에 대해서 여러 사람들로부터 질문을 받습니다.

제 주위에도 IC들이 있기 때문에, 하나의 새로운 카테고리를 만들어서 광고를 하면, 기업 측의 인식도 높아지고 저희도 일하기 쉬워지는 점도 있습니다. 기업에도, 현재 IC로 활약중인 사람이나 앞으로 IC가 되려는 사람들에게도 모두 메리트가 있습니다.

다케다: 그런 체험에서였군요. 그리고 아키야마씨 자신에게도 메리트가 있기 때문에 지속할 수 있다는 말씀이군요.

마루야마: 기리하라씨의 회사는 파견계약인가요?

기리하라: 아뇨, 업무위탁이 대부분입니다. 지휘명령계통은 클라이언트가 아니라 저희 회사에 있고, 저희 회사가 개인과 계약하는 방식이죠.

아키야마: 주계약은 클라이언트와 아르고너트가 맺고, 부계약은 아르고너트와 당사자가 맺는 거군요.

기리하라: 그렇습니다. 클라이언트에 대한 업무 책임(obligation)은 아르고너트에 있으며, 그 대신 저희 회사쪽에서 가장 적당한 형태로 사람을 골라 보냅니다.

저희 회사의 취업 스타일은 프로젝트 단위로 일하는 사람을 늘리는 것이 기본입니다. 개인이 기업으로부터 일을 얻기란 상당히 어렵기 때문에, 저희가 영업을 하고 현재 재직중인 사람이나 주 3일 또는 단기간 일할 사람도 괜찮으니 많이 와서 등록해주시라고 합니다.

등록 조건은 비즈니스 프로페셔널로서의 목표를 공유할 수 있고, 좋은 일을 하고 싶은지의 여부이죠.

마루야마: IC로 말하면 영업대리점이고, 클라이언트 입장에서 보면 도급 책임을 지는 부분이 크군요. 기업에서 의뢰하기 좋겠네요.

기리하라: 저희 회사로서는 책임도 있고 비즈니스 노하우도 필요하기 때문에, 안건의 기본업무 설계는 함께하고 업무를 진행시키면서 정보 피드백을 부탁하고 있습니다. 클라이언트에게만 책임을 다하게 하면 되는 것이 아니라, 저희에게도 보고할 의무가 있습니다.

마루야마: IC를 시작하는 사람들에게 좋을지도 모르겠네요.

아키야마: 영업을 해주기 때문에 그 일을 하면서 업무 능력을 길러, 장차 다른 회사로부터 직접 발주를 받을 수 있을 정도의 실력을 키운다면 말이죠.

다케다: 직접 발주도 받고 아르고너트에서도 일을 받을 수 있어서 아주 좋겠군요.


## 먼저 현재의 일에 최선을 다한다

다케다: 마지막으로, 앞으로 스페셜리스트나 뉴 스페셜리스트를 꿈꾸는 사람들에게 당부하고 싶은 메시지를 부탁드립니다.

마루야마: 젊은 20대들에게는 진심으로 되고 싶다면 이러쿵저러쿵 말하지 말고, 사력을 다해 현재의 일에 임할 것을 권합니다.

아키야마: 동감입니다. 스페셜리스트가 되고 싶다, 뉴 스페셜리스트가 되고 싶다고 말하기 전에 주어진 일을 120%로 해내야 합니다. 그것밖에는 없습니다.

마루야마: 20대에 사력을 다해 일하다보면 자신은 의식하지 못하겠지만 상당히 가치가 있는 것들을 얻게 됩니다. 그렇기 때문에 자신감을 갖길 바랍니다.

그리고 "IC로 독립하겠습니다"고 회사에 말했을 때, "계속 회사

에 남아주길 바라지만, 굳이 그렇게 하겠다면 먼저 우리 회사 일부
터 해달라"는 말을 들을 수 있을 정도로 열심히 일하라고 말하고
싶습니다. 그것을 계기로 회사를 만들어도 좋구요.

아키야마: 자격증 취득 학원에 다녀도 좋지만, 우선은 자신의 업
무를 성실하게 해나가는 것이 지름길입니다. 능력이 쌓여서 "그 사
람은 이런 일을 할 수 있는 사람이다"는 소문이 나면 사내에서도
그런 일이 들어오고, 그 기대에 부응하도록 열심히 일한다면 점점
더 능력이 길러지는 겁니다.

다케다: 스스로도 그러셨나요?

아키야마: 네, 맞지 않는 일도 있어서 힘들었지만요.

마루야마: 싫어도 열심히 했잖아요?

아키야마: 네, 싫어도 열심히 했죠.

마루야마: 싫어도 열심히 할 수 있는 '습관'이 생깁니다. 매우 중
요한 거죠.

## 하루하루의 성취감이 성장의 원동력

기리하라: 저는 대학교 4학년 때부터 계속해서 '내가 하고 싶은
것이 무엇인가'에 대해 생각했지만 계속 알 수가 없었습니다. 어쨌
든 10년 뒤에 독립하겠다고 마음먹고 32살에 독립했습니다. 뉴질
랜드에 연고가 있어서 지구 반대편까지 가서 창업을 했죠.

아키야마: 음, 그러셨군요.

기리하라: 근데, 사흘만에 질려버렸습니다.

전원: (웃음)

**기리하라:** 오피스서비스 사업이었는데, 막상 독립해보니 내가 독립을 하고 싶었던 게 아니었다는 것을 그때 비로소 깨달았죠. 일본에 돌아와서 하고 싶은 것을 하려고 했지만, 그래도 그게 뭔지를 알 수 없었습니다. 그래서 생각을 바꾸어 저 같은 사람들을 위해서 일하고자 지금의 일을 하게 되었습니다.

**아키야마, 마루야마:** 그렇군요.

**기리하라:** 결국은 아직도 모릅니다. 알려고 해도 시간이나 정보력에도 한계가 있고……. 성공한 경영자 가운데 "아버지가 사업에 실패해서, 원수를 갚으려고 창업했다"고 말하는 사람이 있는데, 왠지 이해도 되지 않고 저에게는 그런 경험도 없습니다.

부모가 변호사기 때문에 중학교 때부터 나도 변호사가 되고 싶다고 말하는 사람까지 포함해서, 처음부터 자신이 무엇을 하고 싶은지를 명확히 아는 사람은 아주 소수에 불과하지 않나요? 모두들 자신에게 끊임없이 질문을 던지지만, 결국에는 그 어떤 길을 걸어가고 있거든요.

**마루야마:** 말씀하신 대로입니다.

**기리하라:** 끝까지 생각하다보면, 하루하루의 성취감과 충실감이 인간을 성장시키는 원동력이 됩니다. 매일매일 "오늘은 좋은 일을 했다"고 말할 수 있는 성취감과 충실감을 얻고자 노력하면 결과적으로 고객에게 신뢰받고 업무 의뢰도 들어옵니다.

저는 오늘도 납득할 만한 일을 했는가, 또는 고객이 기뻐하는 일을 했는가의 여부밖에 생각하지 않습니다. 매일 이렇게 되풀이하다보면 어떤 형태로든 좋은 결과를 맺죠.

### '해보면 그게 바로 천직'

마루야마: 그러면 좋은 평가를 받을 수 있어서 기쁘고, 또 점점 더 좋아져서 호순환이 이어지는 거죠. 하고 싶은 일을 하는 것만이 자신의 에너지를 발휘하는 수단이나 방법은 아닙니다.

하고 싶은 일을 찾으며 정체하고 있는 20대가 상당히 많습니다. 하고 싶은 것을 못 찾아서 상담을 받으러 옵니다. 나 역시도 아직 무엇을 하고 싶은지 모르겠다고 말하지만, '해보면 그게 바로 천직'입니다.

기리하라: 중도에 포기하는 것은 좋지 않습니다.

아키야마: 기리하라씨의 이야기에 많은 감명을 받았습니다. 협회 설립은 제가 병이 난 것이 계기가 되어 시작한 것이지만, 요즘 세상에서는 심하게 억압된 체험을 하거나 터무니없이 불합리한 상황에 처해지는 경우가 없기 때문에, 장차 하고 싶은 일을 찾기란 꽤 어려운 것 같습니다.

저도 뭔가 하고 싶은 것을 정해서 그것에 매진하는 인생을 살지 않으면 안 된다고 생각했죠. 하지만 그 뭔가가 무엇일까 계속 생각하고 생각했지만 결국 찾지 못했습니다. 그래서 어느 날 결심했죠. 평생 정할 수 없는 것이라고 말이죠. 그러니까 마음이 아주 편해졌어요.

지금은 '스스로 기회를 창조하고, 그 기회를 통해 자신을 바꾸라'는 말로 프로세스를 컨트롤하고 있지만, 최종 목표가 어디로 가고 있는지는 모릅니다. 아마 인생을 마칠 때까지 알 수 없을지도 모르겠습니다.

나머지는 기리하라씨와 마찬가지로 오늘은 기회를 창조했는가,

그래서 내가 바뀌었는가를 생각하며 그 충실감을 통해 나를 만족시키려고 마음먹었습니다.

**마루야마:** 목표 설정을 포기한 것이 아닙니다. 목표 설정을 포기하는 것과 프로세스를 확실히 갖추기 위해 목표에 대한 생각을 잠시 유보하는 것은 전혀 다릅니다.

**아키야마:** 제가 항상 여러 가지 일들을 열심히 하고 있는 것처럼 보이지만, 그것은 일생의 궁극적인 목표가 아니라, 프로세스를 즐기고 싶고 하루하루 충실감을 느끼고 싶기 때문에, 작은 목표들을 만들어서 열심히 하고 있는 것입니다. 몰두하기 위한 도구인 셈이죠.

**다케다:** 저도 매일 퇴근길에 전철을 기다리면서 지난 하루를 떠올리며, 오늘은 열심히 일했다고 말하거나 별로 좋지 않았다고 낙담도 하지만, 이 모든 것이 끝난 것이 아니라 내일에 대한 생각을 반복하는 것입니다.

**아키야마:** 리크루트 OB로 활약하고 있는 사람들의 최대 장점은 하루하루 강인하게 열심히 살아가는 것이 아닐까요?

**다케다:** 그렇습니다.

오늘 이렇게 소중한 의견들을 많이 말씀해주서서 고맙습니다. 이 책을 읽는 분들 중에서 스페셜리스트나 뉴 스페셜리스트라는 목표를 향해 나아가는 데 여러모로 상담요청이 있을지도 모르니, 아무쪼록 잘 부탁드립니다.

정말로 스페셜리스트나 뉴 스페셜리스트가 되고 싶으신 분들에게는 뭐든지 의존하지 말고, 스스로 어떻게 하고 싶은지를 확실히 알고, 자립적으로 임해주실 것을 당부드립니다.

이 책을 쓰면서 리크루트의 뉴 스페셜리스트 OB를 포함한 많은 사람들이 귀중한 시간을 내주어, 여러 가지 말씀을 들을 수 있게 된 점에 대해 다시 한 번 감사드린다.

제6장 좌담회에서 나온 리크루트 OB이자 현재 IC협회 이사장인 아키야마씨의 '컨저버티브 리크루티즘'이라는 이야기가 그 가운데서도 인상적이었다. 리크루트라는 회사가 예전부터 소중히 여겨온 '이즘(ism)'의 중심에는 '스스로 기회를 창조하고, 그 기회를 통해 자신을 바꾸라'는 말이 있다.

리크루트 최초의 사훈이자 나도 무척 좋아하는 말인 동시에, 신규채용 시 리크루트를 선택하게 된 계기를 만들어준 인상적인 메시지기도 하다. 이 책에서 '뉴 스페셜리스트'로서 제안한 '프로로서의 삶의 방식'도 이 말과 연결된다고 생각한다.

그리고 리크루트 OB가 아닌 기리하라씨의 말 가운데 "리크루트에서 모든 것을 배울 수 있다고 생각해선 안 된다"는 것도 새삼 가슴에 새겨본다.

리크루트 이외의 것들을 더 많이 알고 싶어 '졸업'한 OB로서 리크루트에서 배울 수 없었던 것들을 차례차례 흡수하면서 나 자신을 바꾸어나가고자 한다.

새로운 출항에 앞서 과거를 돌이켜보았을 때, 혼자서 대해大海로 나가기에는 리크루트라는 곳이 축복된 환경이었음을 깨달았다.

시대가 점점 뉴 스페셜리스트를 요구하는 가운데, 리크루트에 마련된 환경을 많은 사람들에게 알리고 싶었다. 그것을 단순한 지식이 아니라, 뉴 스페셜리스트로서 앞으로의 시대를 행복하게 살아가기 위해 여러분들이 활용하길 바라는 마음에서 이 책을 썼다.

내가 뉴 스페셜리스트로서 충실감을 느끼는 순간은 바로 하나의 일을 끝마쳤을 때 찾아온다. '고맙습니다', '듣던 대로 훌륭하시군요' 이런 말들을 클라이언트에서 들었을 때, 회사에서 며칠 밤을 지새우고 궁지에 몰려 괴로워했던 모든 시간들을 잊고 안도의 한숨을 쉬게 된다. 그리고 대개의 경우, 그 다음 업무 의뢰가 계속해서 들어오게 된다.

이 책을 통해 일에 대한 충실감과 인생의 행복을 맛볼 수 있는 뉴 스페셜리스트가 한 명이라도 더 많아지기를 희망한다.

"모든 것은 자신의 인생을 위해서!"

권말 자료

# 1. 뉴 스페셜리스트가 되는 5가지 기술



**'사원이 개인 점포주다'**

규모의 대소보다는 가능하면 경영과제에 가까운 과제를 개인이 스스로 생각하고 사람들을 개입시키면서, 오로지 목적달성과 성과를 목표로 매진할 것. 이것을 몇 번 되풀이하면서 더 큰 규모, 더 큰 과제를 해결해나감으로써 능력을 향상시킨다.

경영과제로서 고객의 과제를 파악하여 그 해결책을 많이 경험한다. = 많은 경험을 쌓는다.

<u>처음에는 작고 작게 시작해 본다.</u>  단,

1. 아무리 작아도 상관없으니까 일단 무조건 일을 맡는다.
2. 경영과제와 연관된 중요한 일이라고 생각한다.
3. 일을 맡겨준 클라이언트와 상사의 기대 이상의 성과를 올린다.
4. 그 다음에는 많은 경험을 쌓으면서 점점 업무의 단위를 키워나간다.
5. 업무의 크기에 맞춰 사람들을 더 많이 개입시켜나간다.

## 아이템 01 작은 차별화를 거듭하여 성과로 이어나간다

- 작은 차별화를 거듭하기 위해서는 습관화가 가장 좋다.

  1. 똑같은 일을 하는 경우에는 절대로 지난번과 같은 방법을 취하지 않을 것. 사소한 것이라도 좋으니까 뭔가를 좀 바꿔보자.

  2. 단순히 바꾸는 것이 아니라, 지난번보다 더 좋은 아이디어를 생각해보자.

  3. 가능하면 남이 생각지도 못할 것 같은 방법으로 해보자.

  4. 어떻게 변할 것인지에 대한 가설을 세우고 결과를 검증한 뒤에 그 다음 가설을 세운다(PDS: Plan Do See).

  5. 이것을 되풀이한다. 24시간 내내 1~4번을 생각하면서 행동한다.

## 아이템 02 발상을 바꾸는 것만으로도 차별화가 가능하며 가치가 창출된다

- 완벽하게 독창적인 상품은 극소수에 불과하다. 히트 상품을 만들어내는 사람들은 독창성을 고집하지 않아도 물건을 팔 수 있다는 사실을 알고 있다.

- 플래너들은 발상을 할 때마다 남들과 다른 것을 찾으려고 유념한다. 이러한 하루하루의 작은 전진이 쌓인 결과 플래너로서 자리매김하는 것이다.

- 한두 가지의 발상법을 기억해두고 활용해본다.

**오즈번의 '9가지 체크리스트'**

① 그밖에 쓰일 만한 용도는 없을까?
② 다른 곳에서 아이디어를 빌릴 수 없을까?
③ 바꿔보면 어떨까?
④ 크게 해보면 어떨까?
⑤ 작게 해보면 어떨까?
⑥ 다른 것으로 대용할 수 있을까?
⑦ 바꿔 넣어보면 어떨까?
⑧ 반대로 해보면 어떨까?
⑨ 조합해보면 어떨까?

## 아이템 03 차별화하여 부가가치가 높아지면 돈이 벌린다

• 차별화 없이 경쟁을 하면 틀림없이 가격경쟁에 휩싸이게 된다.

• 독특한, 다시 말해서 차별화하여 부가가치를 높인 회사가 어느 정도
의 돈을 벌고 있는지 알아본다. 자신의 회사 이익률과도 비교해본다.

## 아이템 04 자신의 제공 가치를 높이기 위해 끊임없이 노력한다

• 전문분야를 심화시켜 세로축으로 넓혀나간다.

• 전문분야를 가로축으로 넓혀나간다.

　1. 현재의 분야에서 주변을 넓혀나가는 방법

　　· 주변에 무엇이 있는지를 써내려가 본다.

　　· 자신이 현재 어느 부근에 있는지를 확인하여 그 주변의 키워드
　　　를 정해본다.

　　· 키워드에 관한 기본 지식을 얻는다.

　　· 평소부터 계속해서 키워드에 관한 분야의 정보를 수집한다.

　2. 새로운 전문분야를 하나 더 만드는 방법

　　· 제2장의 스페셜리스트로서 전문분야를 찾는 방법 가운데 두 번
　　　째에 해당하는 것을 발견한다.

　　· 사내에서 부서 이동에 적극적으로 도전해본다.

##  과제정리 능력

### 아이템 05 직위가 더 높은 사람을 만나 진실과 본질에 다가선다

- 담당자의 기분을 상하게 하지 않는 방법으로 직위가 더 높은 사람을 꼭 만나야 하는 이유를 만든다.
- 과제정리를 위한 청취 능력을 기른다.
  1. 사전에 얻은 정보를 가능하면 다 모아본다.
  2. 거기서부터 가설을 세운다. 일어나고 있는 현실, 과제는 무엇인가?
  3. 가설에 집착하지 말 것. 경청할 때는 일단 가설을 잊어버리고 먼저 사실 청취에 집중한다. 상대방의 현 상황을 확실하게 들어본다.
  4. 사실에 대해 상대방이 느끼고 있는 과제가 무엇인지까지 들을 것.
  5. 최고경영자뿐만 아니라 현장에서도 확인할 것.

### 아이템 06 가능한 한 경영자의 마음에 접근한다

- 최고경영자의 마음을 이해하거나 이해하려고 노력하여 과제해결을 돕고 싶어하는 당신의 마음이 전해진다면, 당신에게 필요한 정보를 정확하게 전달해주려고 할 것이다.
- 경영자의 경영 프로세스나 생생한 에피소드를 '당신이 경영자가 되어' 맛보도록 한다.

### 아이템 07 모르는 것이 있으면 아는 사람에게 묻든지, 아는 사람이 누군지를 알고 있을 법한 사람에게 물어본다

- 남에게 묻기를 잘하는 사람은 '물어야 될 내용', '자신이 알아보면 알 수 있는 것', '다시 한 번 생각해보아야 할 것'들을 한순간에 판단할 수 있다. 이것은 훈련을 통해 몸에 익히는 것이다.
- 잘 묻는 사람이 빨리 성장한다.

## 아이템 08 비슷한 사례가 없는지를 찾아본다

- 독창성도 중요하지만 좋은 것을 흉내 내는 순진함도 그에 못지않게 중요하다.
- 일본회사에 '사례'를 제안하면 특히 발군의 효과가 있다.
- 소속 부서로 충분하지 않다면 관계가 있을 법한 사내 부서와 지인들에게도 물어본다.
- 과제정리 수준에서는 세상에 있는 모든 사례가 참고가 된다.

## 아이템 09 사례에 의존하지 말고, 스스로 고객을 상상하면서 생각하는 습관을 익힌다

- 남에게 물어만 보고 스스로 생각하지 않는 사람에게 장기적인 성장이란 있을 수 없다.
- 일어나고 있는 문제에 대해서 '왜'를 되풀이해볼 것. '왜'가 과제정리 능력의 기본이다.
- 과제정리 능력을 연마하여 진실에 다가가려면 다시 한 번 고객의 과제로 돌아가는 수밖에 없다. 이야기를 잘 경청하고 나서 정리할 때는 만났을 때의 상대방의 말투와 표정, 과제를 정리한 과정을 떠올리며 납득이 가는지, 안 가는지를 다시 검증한다.
- 도저히 납득이 가지 않아서 묻고 싶은 것이 생길 때는 망설이지 말고 다시 한 번 물어본다.

## 세 번째 기술 과제해결 경험

**아이템 10** 사례가 그대로 적용되지 않는다는 것을 전제로, 더 많은 과제해결 사례들을 다른 사람들과 함께 경험해 나가는 것 = 많은 경험을 쌓는 것

- 처음으로 업무를 담당하는 방법

  1. 손을 들어 하고 싶다는 의사를 밝힌다.
  2. 작은 일부터 시작한다. 가능하면 이때 여러 협력자의 이름을 열거하여 혼자서 마음대로 일을 진행시킬 수 없는 대신, 일 전체를 맡을 수 있도록 한다.
  3. 수차보고를 약속한다(보고용 포맷도 자신이 직접 준비한다).
  4. 협력자를 가능하면 많이 만든다.
  5. 120%의 성과를 올린다.

**아이템 11** 과제정리에서 완성된 것을 전제로, 필요한 정보를 새롭게 수집한다

- 이때 누구를 취재할 것인지 대상을 확실하게 선택해야 한다.
  - 어느 계층의 사람인가? 이사, 부장, 과장, 사원, 혹은 아르바이트 등.
  - 신입인지, 2~3년째인지, 지도층인지.
  - 직종은 무엇인지.
  - 또는 실적이 가장 높은 사람에게 물을 것인지, 아직 숫자로는 나타나지 않았지만 회사에서 기대를 걸고 있는 사람에게 물을 것인지.
- 해결책에 대해서 '이거다' 는 자신을 가질 수 있을 때까지 다각적인 검토를 계속한다.

## 아이템 12 현장이 움직이고, 성과로 이어지는 제안을 한다

- 현장을 행동으로 움직일 수 없다면 절대 결과로 이어지지 않는다.
- 마음으로 움직일 수 없다면 일시적으로는 성과가 보이더라도 오래 지속되지 않는다.
- 결과가 나오도록 이끌어갈 수 없다면 프로라고 할 수 없다.

## 아이템 13 당신의 프로듀스 능력에 따라 프로젝트의 성과는 크게 달라진다

- 스태프가 항상 고정되어 있다면 두 가지 의미에서 좀 아쉽다.
  - 사내에 더 효율적인 팀 구성이 없을까? 외부 직원도 쓸 수 있다면 새로운 선택 여지가 훨씬 더 많이 늘어난다.
  - 프로젝트 발족에 맞춰 최적의 멤버를 생각하고 있다면, 우수한 많은 스태프들이나 특기분야가 다른 스태프들을 만나서 서로 자극을 받을 수 있다. 스태프가 늘어나면 맡을 수 있는 업무의 폭도 넓어질 것이다.
- 스태프를 지휘하는 리더, 즉 프로듀서로서 최소한 필요한 것은 목적을 명확히 하여 이리저리 흔들리지 않아야 한다.
- 전문 스태프들이라면 세세한 지시를 하지 않아도 목적지를 향해 전속력으로 달려준다.

## 아이템 14 고객의 책임자로서 고객을 더 잘 이해하고, 남 일 대하듯 하지 않는다

- 아무튼 클라이언트를 여러 번 찾아가서 담당자뿐 아니라, 여러 관계자들의 이야기를 들어본다. 이야기와 기대를 접하는 사이에 그것이 남의 일이 아니라는 것을 느끼게 된다.
- 업무를 의뢰한 담당자와 경영자, 그리고 직원들 중 어느 한쪽을 위해서가 아니라, 그 회사 전체를 위해 점점 더 열심히 노력하려는 마음이 들게 된다.

## 아이템 15 일을 맡은 이상, 120%의 성과를 향해서 무슨 일이 있어도 반드시 해낸다

- '100%의 달성으로는 클라이언트가 만족하지 않는다.'
- 당신이 뉴 스페셜리스트로서 1천 원의 의뢰에 1천 2백 원의 가치를 제공한다면, 클라이언트는 다음에도 당신에게 일을 의뢰할 것이다. 영업을 할 필요도 없다. 다음에도 더 좋은 일을 할 수 있도록 준비하고 있으면 된다.
- '100%를 목표로 해도 100%를 전부 달성할 수 없다' 고 하는 의미에서도 120%를 목표로 해야 한다. 납기 일정을 앞당긴다.

## 아이템 16 과제해결을 위해 늘 긍정적으로 발상한다

- 일하기 싫거나 의욕이 없는 사람은 거의 없다고 믿어야 한다.
- 일을 하는 이상, 누구나 재미있고 즐겁게 하고 싶은 법이다. 처음에는 의욕이 없던 사람도 즐겁게 할 수 있는 방법을 알면서 의욕이 생겨난다.
- '의욕이 있지만 뭔가가 방해하고 있다' 고 생각되면 그 뭔가를 다각적으로 생각해 제거한다.

 인맥

## 인맥을 만드는 기본적인 규칙

기본 1 : 득실을 따지면서 교제하지 않는다. 항상 주고받는(give and take) 관계.

기본 2 : 먼저 준다. 늘 뭔가 도움을 줄 수 있을까 생각한다. 상대방이 난처함에 처했을 때야말로 힘이 되어주도록 한다.

기본 3 : 도움을 받을 때도 곧바로 감사를 표시한다. 도움이 되는 정보를 얻었다면 경위와 결과를 바로 보고한다.

## 아이템 17 현재와 과거의 회사, 그리고 동기들의 인맥

- 인맥 가운데서도 가장 빨리 만들고 쉽게 활용할 수 있다.
- 외부 인맥을 만들기 위한 연수과정이라고 생각하고 적극적으로 임해본다. 주저하지 말 것.
- 사내라고 해서 절대 쉽게 생각하면 안 된다. 사내에서 인맥을 못 만들면 사외에서는 더 어렵다.
- 동기는 입사동기만이 아니므로 넓게 생각한다.

## 아이템 18 외부 직원들과의 인맥

- 부서 안에서만 찾는 것은 한계가 있다. 멀리 떨어진 부서 중에서 비슷한 일을 하는 사람에게 사내 인맥도 만들 겸 전화를 걸어서 새로운 스태프를 찾아본다.
- 자신이 가장 먼저 외부 직원과의 업무 진행을 시도하여 사내에도 소개한다.
- 한 번 같이 일했다고 해서 그것이 인맥으로 이어지는 것은 아니다. 스태프도 당신과 처음 일하는 것이므로, 당신을 업무 상대로서 앞으로도 함께 일하고 싶은지, 아닌지를 판단할 것이다. 첫 번째 일을 끝마쳤을 때 그것에 대한 결론이 나와 있을 것이다
- 유명한 사람 중에서 당신 마음에 드는 사람이 있다면 직접 접근해본다.

## 아이템 19 클라이언트와 거래처의 인맥

- 클라이언트와 거래처와의 관계는 업무상 서로에게 메리트가 되는 윈 윈(win-win) 관계를 얼마만큼 쌓을 수 있는지가 중요하다.
- 윈윈 관계를 쌓으려면 결국 의뢰받은 일에 대해 120%로 부응하는 것이다.
- 상대방이 난처함에 처했을 때, 얼마만큼 눈앞의 득실을 따지지 않고 힘이 되어줄 수 있는가? 이해관계를 따지지 않고 당신이 할 수 있는 한에서 해주길 바란다.

## 아이템 20 일이나 클라이언트를 통한 개인적인 인맥

- 기본은 사람과의 만남을 즐기는 것이다.
- 비즈니스 교류회의 참가자들은 업무상 어려움에 처했을 때 정보를 교환할 수 있는 상대나 서로를 자극할 수 있는 상대, 지인을 서로 소개해줄 수 있는 상대를 찾고 있는 것이다.
- 들은 것은 잊지 않도록 반드시 메모해둔다. 동시에 당신의 일을 알기 쉽게 또는 기억에 남을 뭔가(키워드, 색깔, 형용사 등)로 어필한다.
- 다음날 아침에 전화나 메일로 당신이 알고 있는 것 중에서 그 사람에게 가치가 있을 만한 정보를 제공해본다. 일찌감치 약속을 잡아서 만나러 간다.
- 사소한 질문을 받았을 때는 당신이 할 수 있는 것은 모두 해주도록 한다.

아이템 21 기본 자세: 끝까지 포기하지 말고, 지속적으로 품질
을 고집해나간다

문제는 당신이 스페셜리스트나 뉴 스페셜리스트가 되고 싶은지 아닌지,
독립한 전문 스페셜리스트로서 향후의 인생을 행복하게 살고 싶은지 아
닌지, 그것뿐이다.

- 5년, 10년이 지나서 개인차가 벌어지는 것은 시간을 사용하는 방법
  이 다르기 때문이다. 행복한 인생을 꿈꾸고 싶다면 시간의 밀도를
  높여야 한다.
  - 당신과 당신 회사의 목표가 1년이나 6개월 단위라면 그것을 한
    달 단위로 쪼갠다.
  - 한 달마다 목표를 설정하여 달성 정도, 그리고 해낸 것과 해내지
    못한 것을 정리한다.
  - 한 달 단위에 익숙해졌다면 이번에는 1주일 단위, 그 다음에는
    하루 단위로 잘게 쪼갠다.
  - 자기 혼자가 아니라 누군가와 함께해본다. 다른 사람에게 의뢰하
    여 팀을 움직여본다.
  - 똑같은 일을 단기간에 해내고, 똑같은 기간 동안 더 높은 질의 일
    을 할 수 있다. 이것도 역시 고객에게 제공하는 부가가치를 향상
    시키는 방법이다.

# 2. 독립에 필요한 3가지 기술

 장사를 안다

- 신규사업에 종사할 기회나 작은 사업이라도 사업기획과 경영기획에 관여할 기회, 또는 젊은 나이에 독립채산제의 책임자를 경험할 수 있는 곳이 있다면 도전해본다.
- 정말로 알고 싶으면 실제로 독립하는 수밖에 없다는 것이 결론이지만, 갑작스러운 변화로 인해 장애가 높을 경우에는 작은 회사로 한 번 이직해보는 것도 좋은 방법이다. 그곳에서 얼마만큼 경영에 가까운 일을 체험할 수 있을지를 분명히 확인해본다.
- 자신이 속한 과에서 마음껏 자기 스스로 독립채산을 해본다(유사 체험).
- 당신이 경영자라면 어떤 이유에서 어떤 결단을 내릴 것인지를 상상해본다(유사 체험).

 영업력

- 영업직에 종사하는 사람은 현재의 업무에서 영업력을 최대로 높이는 데 집중한다.
- 영업직 이외의 사람들은,
    · 독립해서 처음으로 몇몇 예상 고객을 기대할 수 있는 경우에는,
      ⇒ 첫 고객이 만족할 수 있도록 그들의 요구 부응에 집중한다.
    · 처음에 예상 고객을 기대할 수 없는 경우에는,
      ⇒ 가장 먼저 지인이나 과거의 거래처 등에 창업 인사를 하러 다

닌다. 단, '영업은 하지 않을 것.'

- 시작하는 사업이 상당히 독특한 것이라면 매스컴과 언론의 인맥을 통해서 광고한다(약간의 유료).
- 성공사례가 만들어지면 비슷한 과제를 안고 있는 회사를 찾아가 사례를 소개한다.
- 우수한 영업사원, 특히 신규영업에 뛰어난 영업사원을 친구로 사귀어 그를 통해 배우도록 한다.

## 세 번째 기술 돈 계산(숫자를 읽을 수 있다)

- 수주 예상은 어디까지나 예상이지, 수주가 아니다. 수주가 되어야 비로소 일이 시작되고, 매상은 그 다음이고, 입금은 그보다 더 뒤다.
- '모든 일이 순조롭게 진행되었을 때' 최소 3개월 뒤에 첫 입금이 들어온다. 그동안에는 설비자금 이외에 경비, 인건비 등 빠져나갈 돈이 아주 많다. 사전에 긴 안목으로 준비해두어야 한다.
- 평상시에 사업과 비즈니스를 돈으로 파악하는 습관을 익힌다.
- 부기에 관한 책은 초급이라도 상관없으니까 한두 권 정도는 먼저 읽어둔다.